Anders

Filosofia Scienza Saperi

EMANUELE COCO

Elogio della condizione ibrida

Natura, sesso, tempo e altri pregiudizi

SOLFERINO

SOLFERINO

www.solferinolibri.it

ISBN 978-88-282-1689-6
Prima edizione: aprile 2025

Elogio della condizione ibrida

Prologo

Gli egizi personificavano il cielo nella dea Nut, solitamente raffigurata nuda, con il corpo ricoperto di stelle.

Pancia in basso e natiche in alto, la dea si presentava nei dipinti con i piedi poggiati a terra su un lato e le mani sul lato opposto, come se stesse per sdraiarsi lungo tutta l'immagine. Ma non si sdraiava. Restava sospesa a formare col suo corpo un arco, una volta allungata sopra le vite del mondo. Quando la sera gli egizi alzavano gli occhi al cielo, ciò che vedevano non era il firmamento ma la pancia nuda di Nut coperta di stelle luccicanti.

In certi casi, Nut è tenuta in alto dal dio Shu – colui che sorregge il cielo – che a sua volta poggia sul dio della terra Geb. Shu tiene le braccia alzate a formare il segno Ka, simbolo del potere cosmico.

Con questo incastro di divinità poste una sull'altra, gli antichi egizi esorcizzavano il timore che la volta celeste potesse crollare. In effetti, il mito vuole che Nut e Geb fossero sorella e fratello e stessero all'origine abbracciati; sembrando però tale unione troppo incestuosa, vennero divisi da Shu che da allora deve occuparsi di tenere Nut in alto, di non farla tornare tra le braccia di Geb, evitando così il conseguente trambusto che una simile eventualità provocherebbe: comete in testa, astri in terra e polvere di stelle in fondo al mare.

Se questo mito bastava agli egizi a rasserenarli rispetto alle eventualità di un cielo tanto imprevedibile da poter persino cadere, esso invece suscita in noi un leggero sorriso: da una parte riconosciamo la bellezza delle sue immagini, dall'altra ci appare ingenuo poiché sappiamo bene che nel cosmo non vi sono fanciulle nude dal corpo scintillante, né divinità intente a sollevare chi sta sospeso in posizioni da yoga estremo, né esistono dèi intenti a fugare abbracci nostalgici che potrebbero destare scandalo.

E tuttavia è pur vero che, malgrado il suo scarso realismo, il mito di Nut riesce a catturare il nostro interesse. Le sue immagini ci parlano – attraverso l'analogia con figure e vicende poste sulla volta celeste – di sentimenti ed emozioni che ci sono familiari.

Il timore che il cielo, l'intero cosmo, possa precipitare in terra è comune a molte immagini mitiche e stati emotivi. Gli yanomami, per esempio, aborigeni che vivono nella foresta tra il Venezuela e il Brasile, pensano che l'inquinamento stia uccidendo gli spiriti della natura e che il giorno in cui la foresta si troverà priva delle sue presenze spirituali la volta celeste cadrà, segnando la fine del genere umano.

Anche se a noi una simile ipotesi appare ingenua se riferita a un contesto strettamente materiale, sul versante simbolico possiamo condividerne il senso: in qualche modo, il giorno che la Terra fosse talmente inquinata da perdere i profumi e le meraviglie che ci regala oggi, sentiremmo anche noi il mondo crollarci addosso lasciandoci oppressi, schiacciati, perduti per sempre.

Del resto, si tratta di una sensazione che in misura minore conosciamo già. Capita per esempio a chi si trova sotto il peso opprimente delle costrizioni, a chi perde la speranza nei propri sogni, a chi deve sopportare ingiustizie e fatiche. Ognuna di queste persone sente appunto *un peso*, come se qualcosa la stesse schiacciando. E vorrebbe avere *una buona stella in cielo* che la tiri via da una vita così angosciosa.

Fortunatamente, il mito di Nut non parla solo delle idee cosmologiche degli antichi. Mostra anche un indizio per smascherare alcune superstizioni che contribuiscono a tenerci in queste condizioni. Anche noi, infatti, al pari degli egizi, siamo soggetti a fantasie che influenzano la nostra percezione del mondo. Siamo abituati a vedere la realtà attraverso il filtro di idee – a volte fantasiose e irreali – di cui non sempre siamo consapevoli e che in certi casi limitano o alterano la nostra comprensione. Una di queste idee, la più generale se vogliamo, è quella secondo cui la realtà è governata da fenomeni semplici, lineari, unici. Come dire, due più due deve dare quattro: altrimenti tutta la quadratura razionale con cui abbiamo ordinato il cosmo cede a un caos piuttosto sconveniente. Come conseguenza, a un fenomeno deve corrispondere *una* spiegazione, a un processo naturale *una* legge, a un gene *una* proteina, a un effetto *una* causa. Un filtro interpretativo – questo delle corrispondenze declinate *al singolare* – che ha influenzato a lungo il nostro modo di vedere il mondo.

Pensiamo alla geometria. La sua architettura è fondata sui solidi princìpi formulati da Euclide, matematico vissuto trecento anni prima di Cristo. Il grande filosofo francese René Descartes usò gli stessi enunciati per costruire le sue rappresentazioni analitiche – quelle degli *assi cartesiani* – attraverso cui si può ricondurre ogni struttura geometrica a una formula numerica. Si tratta di una potente rappresentazione della realtà: se è possibile tradurre ciò che percepiamo in formule matematiche, la nostra conoscenza del mondo diviene fortemente oggettiva, affidabile, incontestabile. Il terreno solido che ci offre la geometria è proprio questo: a una figura geometrica corrisponde una sola forma matematica, stabile e universale. Insomma, se voglio calcolare l'area di un triangolo non è che mi devo mettere a scegliere una formula: quella che conosco va bene sempre.

Solo che un giorno un italiano di nome Giovanni Girolamo Saccheri si mise a fare alcune congetture attorno a uno degli assiomi di Euclide. L'assioma era diverso dagli altri perché si presentava poco evidente. Anzi, era così ostico che da tempo si era stabilito che per reputarlo vero sarebbe stato meglio darne una dimostrazione. Che nessuno tuttavia era riuscito ancora a trovare. All'inizio del XVIII secolo la lista dei tentativi falliti annoverava una ventina di pagine e nel 1767 il grande filosofo francese D'Alembert si riferì alla cosa definendola «lo scandalo della geometria».

Per renderlo più facile da visualizzare, l'assioma fu riformulato in anni successivi dal matematico inglese John Playfair in modo molto sintetico: *per un punto esterno a una retta passa una e una sola parallela.*

Saccheri, non riuscendo a confermare l'enunciato di Euclide, provò a dimostrare il suo contrario. È un sistema che gli scienziati chiamano *procedere per assurdo.*

Con sua grande meraviglia, si rese conto che non solo l'apposto – l'assurdo – era possibile, ma che si potevano ipotizzare spazi in cui anche altri enunciati di Euclide smettevano di essere validi. Così, per esempio, se si immagina di trovarsi su una superficie curva composta dagli infiniti meridiani di una sfera, si scopre che per un punto esterno a una retta *non passa alcuna parallela!* Nello spazio sferico composto dai meridiani, le uniche rette che si possono tracciare sono anch'esse meridiani e si toccano tutte in due punti – i poli della sfera – contravvenendo così a un altro assioma euclideo, quello secondo cui due parallele non si incrociano mai. Questo tipo di geometria fu sviluppata dal matematico Riemann che, al pari di altri colleghi propensi alla *molteplicità del reale*, dovette difendersi contro l'accusa di essere incoerente con i fondamenti della geometria.

In effetti né Saccheri né Riemann, né gli altri matematici che si occuparono della cosa – come Gauss, Bolyai o Lobačevskij – si sbagliavano, poiché la geometria più adatta a descrivere la realtà dipende dal mondo in cui viviamo. Se ci troviamo su una superficie sferica, allora la geometria riemanniana è quella *vera*. Se siamo su una superficie piatta, allora Euclide è corretto.

La vita sulla Terra si presta in questo caso a una *condizione ibrida* in cui coesistono entrambe le geometrie: il globo terrestre è infatti una sorta di sfera, ma è pure sufficientemente grande da consentire di approssimare lo spazio che ci circonda a una superficie piatta, come se fosse composto da tanti piccoli dischi messi l'uno accanto all'altro. A ogni modo, a voler essere meticolosi, è la geometria di Riemann che dovremmo adoperare sul nostro pianeta. Cosa che in effetti avviene quando si devono eseguire calcoli su grande scala, come quelli che riguardano la navigazione nautica o astronomica. L'assurdità ipotizzata da Saccheri non era dunque tanto assurda. Del resto, proprio immaginando uno spazio sferico nell'accezione di Riemann, Einstein sviluppò le geniali intuizioni che lo portarono a formulare la teoria della relatività generale.

Condizioni in cui *la realtà è ibrida*, come quella ora accennata, sono tutt'altro che rare. Simili *molteplicità del reale* ci circondano costantemente. Le pagine che seguono proveranno a svelarne il ricco ventaglio di meraviglie, offrendo al contempo l'occasione per comprendere alcuni tratti della nostra vita biologica, comportamentale e psicologica sotto una prospettiva del tutto nuova.

Come abbiamo appena notato, le *visioni ristrette della realtà* – quelle secondo cui esiste un solo modo di vedere il mondo, un solo processo corretto, un'unica soluzione giusta – hanno pesato per lungo tempo sulla Fisica. Bosoni, orbitali e cose del genere sarebbero stati del tutto impensabili sotto quella prospettiva. Ma tali *visioni ristrette* hanno esercitato il loro peso anche su altre sfere dell'esperienza umana, come quelle che coinvolgono appunto i processi biologici, le interazioni sociali e persino la vita psicologica degli individui. Si tratta di influenze di cui in certi casi siamo solo in parte consapevoli. Per esempio, la società condivide un'immagine di DNA (cosa sia e cosa dovrebbe fare) piuttosto diversa da quella avvalorata dalla comunità scientifica. Diciamo che molti di noi si sono fatti un'idea di genetica basandosi più su *Jurassic Park* che sui lavori sperimentali di premi Nobel come Barbara McClintock. Si tratta di una stortura prospettica che coinvolge molti aspetti del nostro pensare. Il che rischia d'intristire le nostre vite. Se è vero infatti che anche senza conoscere la fisica quantistica siamo comunque in grado di spegnere la sveglia sul comodino la mattina, è più improbabile avere una *vita felice* quando non si è consapevoli di aspetti che investono in modo consistente la nostra dimensione personale e relazionale.

La fede in una realtà semplice, unica e uniforme, restìa al cambiamento e alle mutazioni, resinata nelle forme di un modello primigenio e ideale, questa sorta di *vanto dell'omogeneità* e *salmo della monotonia*, smorza ogni speranza di cambiamento e, di certo in Occidente, ha ripercussioni che invadono molti aspetti della nostra relazione con la realtà: la politica, le preferenze sessuali, ciò che pensiamo delle asserzioni scientifiche, la nostra concezione del mondo fisico, del tempo, dell'universo, il modo di mangiare e anche – aspetto non meno importante degli altri – la possibilità d'intervenire efficacemente sulle nostre vite per mettere in atto l'infinita ricchezza che il nostro mondo interiore tenta costantemente di suggerirci.

Quale antidoto a questa inerzia, quale allegro rimedio contro la *realtà a una dimensione* che contrasta il nostro naturale bisogno di cambiamento, le prossime pagine tesseranno un *elogio della diversità*, del *molteplice*, della *condizione ibrida*.

Sarà una navigazione verso spiagge nuove. Che merita (per richiamarci ironicamente alle navigazioni epiche del mondo classico) la benevolenza degli dèi e la complice compagnia di qualche divinità amica. Tra le possibili, io scelgo Nut. Come scrivevo poco sopra, gli egizi – consapevolmente o meno – affidarono alla loro fantasiosa visione del cosmo un *indizio prezioso*: a sorreggere il cielo non è la dea, non è Shu che ne tiene il corpo, e non è Geb che a entrambi offre appoggio. A sollevare il cielo sono tutti e tre insieme. Questa molteplicità, questa coesistenza di figure, questa ragione ibrida tiene la volta celeste sospesa in alto. Che ne fossero consapevoli o meno, gli antichi egizi immaginarono un cosmo molteplice, fatto di alternative compresenti.

A una realtà ristretta, preferisco dunque l'universo della dea Nut. Il suo allegro fare atletico, la premurosa presenza. Il suo cielo stellato dispiega la grande vastità generatrice, e apre prospettive inattese: sul cosmo, sul mondo, sulle profondità dell'anima; e forse anche sulle nostre vite.

L'invenzione del sesso

1.

Negli anni in cui preparavo la mia tesi di laurea in Biologia presso l'Università di Firenze, mi capitò spesso di percorrere di notte il labirinto di corridoi e gradini che si snodano tra le mura della Specola. Questo vecchio edificio confinante con Palazzo Pitti fu scelto nel 1775 dal Granduca di Toscana Pietro Leopoldo per istallarvi il primo museo di storia naturale aperto al pubblico. Al tempo, la tradizione italiana vicina alle collezioni naturalistiche vantava già esponenti talentuosi: di certo da quando un'immagine presente nell'*Historia naturale* di Ferrante Imperato – speziale e naturalista napoletano del Cinquecento – aveva mostrato ai lettori le meraviglie del gabinetto delle curiosità che egli stesso aveva pazientemente raccolto presso Palazzo Gravina, a pochi passi dal monastero di Santa Chiara. La sala da lui allestita mostrava fossili, gemme, animali imbalsamati, pietre, terre, piante, essenze, profumi, oli, inchiostri, erbari, semi e ogni sorta di mirabilia che la natura era riuscita a inventare e il fervore collezionistico di Imperato a raggiungere. Gli oggetti erano stati disposti in bella vista e – come se tutto quell'armamentario di stranezze e sorprese della natura non fosse sufficiente di per sé a suscitare stupore – lo studioso napoletano aveva pensato di aggiungervi anche un enorme alligatore o coccodrillo imbalsamato che, non sapendosi bene dove collocarlo – forse per assenza di spazio, forse per via di una certa sensibilità eccentrica di Ferrante per gli arredamenti d'interni – era stato fissato al soffitto e da lì troneggiava, opulento e ieratico, sopra la testa dei visitatori.

Tra i gradini della Specola, nelle notti primaverili in cui io mi recavo a studiare in dipartimento, si avvertiva ancora l'aura degli scienziati che, come Imperato a Napoli, avevano scoperto le piccole finezze della Natura. Le mura dell'edificio lasciavano nell'aria un odore pietroso che sapeva di antico e minerale. Mi accompagnava mentre procedevo tra i timori che la notte posa sui passi di chi si trovi a girovagare tra finestre mal chiuse e porte di legno scricchiolanti. Passavo dietro la porta della Tribuna di Galileo, la sala circolare che all'epoca ospitava gli strumenti del grande scienziato pisano; o vicino alla scala che portava al Torrino della Specola, osservatorio astronomico costruito agli inizi dell'Ottocento, dal quale – stando a quel che sentivo dire tra una lezione e l'altra – furono scoperte e rivelate al mondo tre nuove comete.

Una di quelle sere capitò qualcosa che non avrei mai

dimenticato. Mentre camminavo con passo affrettato cercando di conquistare rapidamente l'uscita per scongiurare ancora una volta l'eventualità di un'inattesa conversazione con apparizioni fosforescenti e spiritelli di scienziati in vena di chiacchiere, volsi lo sguardo verso il giardino. Mi parve di vedere qualcosa. Aprii la grande porta a vetri che conduceva fuori e mi ritrovai tra le aiuole del parco e le fontane ornamentali. Così vidi lo spettacolo. Non erano fantasmi. Non erano spiriti. Tutt'altro. Una danza meravigliosa e palpitante si apriva davanti ai miei occhi: quella delle lucciole in amore.

La magia si presentò come un vasto cielo, una volta di luci intermittenti, un volo di piccole lanterne. Erano probabilmente esemplari di *Lampyris noctiluca*, una delle specie più comuni di lucciole presenti in Italia.

In questa famiglia di coleotteri si osservano delle parate nuziali piuttosto rare: sono infatti le femmine a spingere i compagni all'accoppiamento e non viceversa, come si verifica più di frequente nel mondo animale. Poiché gli amori si svolgono la sera nel buio dei boschi, le lucciole hanno evoluto un sistema per riconoscersi basato sul fenomeno della bioluminescenza, un processo biochimico con il quale questi animali riescono a lanciare messaggi luminosi usando una sorta di *lampada biologica* che possiedono nell'addome.

Sulle ragioni evoluzionistiche che hanno spinto le lucciole a usare la luce per i propri richiami gli studi sono ancora in corso. Molti animali usano odori per trovarsi o sistemi acustici; altri preferiscono le vibrazioni prodotte dal corpo, in grado di propagarsi anche a grande distanza. È possibile che la scelta della bioluminescenza sia stata incoraggiata dal bisogno di non creare equivoci. In un mondo di bestiole in amore che lancia profumi, schiamazzi e batte zampette, darsi a un sistema di comunicazione diverso può offrire un certo vantaggio. Piuttosto che cercare di alzare la voce in una notte dominata da gargarismi di spasimanti straziati dalla solitudine, piuttosto che cospargersi di unguenti cercando visibilità olfattiva nel caotico svolazzare di ferormoni e scie chimiche, meglio inventare un sistema diverso: un piccolo segnale morse fatto di luce, un linguaggio personale – leggero e impalpabile – con cui alzarsi in volo sopra la confusione delle moltitudini in estro. In breve, un modo più celeste, *astronomico* per così dire, di comunicarsi le *passioni*.

Passioni è una parola romantica, in qualche misura fuori contesto. Il mondo delle teorie evoluzionistiche fa spesso ricorso a termini coloriti, per esempio quando fa riferimento all'altruismo, all'egoismo, al tornacontismo, alla reciprocità, all'inganno o alla corsa agli armamenti. Lemmi presi in prestito dal linguaggio romantico, etico o sociale fanno parte del gergo teoretico della disciplina; nell'usarli conviene tuttavia ricordare che organismi semplici come le lucciole non comunicano sentimenti. Nel caso delle lucciole, la necessità è spinta da ragioni istintive e l'evoluzione ha affinato un linguaggio che permette di scambiarsi informazioni con il minor numero possibile di fraintendimenti. Tale processo di affinamento, ciò che gli etologi chiamano *ottimizzazione*, si è spinto persino oltre, perché, una volta differenziato il proprio codice nuziale da quello degli altri organismi, le lucciole hanno dovuto affrontare il problema di non confondersi all'interno della loro stessa famiglia tassonomica – i Lampiridi – che conta circa duemila specie diverse di lucciole in grado di emettere luce. L'evoluzione ha spinto dunque un differenziamento in grado di diversificare il tipo di luminescenza presente nelle varie specie modulandone diversamente la durata, il colore, la velocità delle ripetizioni, l'emissione durante specifici movimenti del volo (mentre si vola verso l'alto o mentre si sta scendendo in basso) e così via. In questo modo, con la loro danza nuziale, le lucciole raccontano quanto – in natura – il sesso sia una questione evoluzionistica. E c'è di più. Il sesso è persino *una invenzione dell'evoluzione*, una *novità* della storia naturale. Per uno o due milioni di anni la vita ne ha fatto a meno. Gli organismi hanno vissuto dall'alba dei giorni senza sapere cosa fosse la seduzione e senza che mai, in tutta quell'eternità di tempo, nessuno ne avvertisse il bisogno. Perché dunque, a un certo punto, sotto il cielo stellato delle notti di primavera, qualcuno decise che era giunto il momento di darsi a un'esistenza più divertente?

2.

Nel corso del Novecento, una delle prime persone ad aver suggerito indirettamente una soluzione agli interrogativi evoluzionistici attorno al sesso è stato John

Burdon Sanderson Haldane. Biologo e genetista inglese, Haldane è noto per essere l'autore della teoria del brodo primordiale, quella secondo cui la vita si sarebbe generata circa tremila milioni di anni fa in un ambiente acquatico sotto condizioni particolari. L'idea, sostenuta anche dal biochimico russo Aleksandr Oparin, fu evocata per primo da Charles Darwin in una lettera scritta nel 1871 all'amico e botanico Joseph Hooker: «Ma se (e che grande se) potessimo concepire che in qualche piccolo stagno caldo con tutti i tipi di ammoniaca e sali fosforici, con la presenza di luce, calore, elettricità e così via, si formasse chimicamente un composto proteico pronto a subire cambiamenti...».

Darwin non era nuovo alle missive. Trent'anni prima si era trovato già a scrivere a Hooker per una questione ben più scottante. «Fui così colpito dalla distribuzione degli organismi delle isole Galápagos» riferiva in quella lettera all'amico «che decisi di raccogliere ogni tipo di fatto che potesse in qualche modo influire su ciò che sono le specie. Alla fine ebbi una folgorazione e adesso sono quasi convinto (contrariamente all'opinione di partenza) che le specie non sono immutabili. Che il cielo mi protegga dalle assurdità di Lamarck sugli *adattamenti derivanti dalla lenta volontà degli animali* e roba del genere, ma le conclusioni a cui sono giunto non sono molto diverse da quelle da lui sostenute, anche se i meccanismi che inducono il cambiamento sono del tutto diversi. Credo di aver scoperto (ecco la mia presunzione!) il semplice modo in cui le specie diventano squisitamente adattate alle varie finalità. Ora voi vi lamenterete pensando: "come ho potuto sprecare il mio tempo a intrattenere una corrispondenza con una persona del genere?"»

L'idea di Darwin sembrava ardita e lui ne era consapevole. Lo dimostra la battuta finale che, seppure in forma scherzosa, tradisce il timore di essere giudicato male da Hooker il quale, ancor prima che amico, era innanzitutto un naturalista rispettato e autorevole. In effetti, al tempo si cominciava a capire che gli organismi viventi non sono immutabili: subiscono variazioni nel corso del tempo e ciò modifica la loro struttura. Secondo Lamarck, tale processo era dovuto a bisogni che provocavano un maggiore o minore *uso* delle parti fisiche. La giraffa sforza il collo spinta dalla necessità di raggiungere le foglie che si trovano in alto sugli alberi; il collo, per via dell'eccesso nell'uso, finisce con l'allungarsi. Il tratto anatomico così maturato verrà poi trasmesso alla prole per via di quel fenomeno di *ereditarietà dei caratteri acquisiti* che il naturalista francese giudicava essere l'ultima tappa del percorso lungo cui le specie si trasformavano generazione dopo generazione.

Anche Darwin si era convertito al mutamento degli organismi. Ma il suo meccanismo era fortemente diverso. Nessuna eredità di colli allungati, nessuna trasmissione di caratteri acquisiti. Anche se è vero che nelle sei edizioni della sua opera principale – l'*Origine delle specie* – si trovò a sostenere che in certi casi i meccanismi lamarckiani potevano avere un ruolo (mostrando così grande attenzione per la *molteplicità delle cause* che concorrono alla dinamica della vita), Darwin fu ideatore di quel meccanismo esplicativo del tutto nuovo che va sotto il nome di *selezione naturale*. Fu lui il primo a intuirne il funzionamento. Fu lui il primo a descriverne le modalità. Lui, e Alfred Wallace.

La vicenda si ritrova in un'altra lettera scritta nel giugno del 1858. Darwin la inviava a Charles Lyell, grande patriarca delle scienze naturali inglesi. E nel farlo aveva il cuore infranto: «Mio caro Lyell, alcuni anni fa, mi raccomandasti di leggere un articolo di Wallace uscito negli *Annali di Storia naturale* che avevi trovato interessante, giudizio del quale pensando potesse fargli piacere riferii a Wallace la prima volta che gli scrissi. Oggi, lui, mi ha inviato un manoscritto chiedendomi di fartelo avere. A me sembra assolutamente degno di lettura. Le tue parole si sono avverate nel presagire che sarei stato anticipato. Mi dicesti questo quando ti spiegai rapidamente le mie vedute su come la selezione naturale dipenda dalla lotta per l'esistenza. Non ho mai visto una più esatta coincidenza. Se Wallace avesse ricevuto i miei appunti del 1848 non avrebbe potuto scrivere una sintesi migliore. Così tutta l'originalità delle mie ricerche svanisce. Spero apprezzerai gli appunti di Wallace e che io possa riferirgli del tuo parere».

Darwin aveva esitato nel pubblicare le sue idee, aveva temporeggiato a lungo. E ciò per via del discredito in cui era precipitato anni prima Lamarck, quando si era spinto a esternare le proprie ipotesi sulla trasformazione. Nessuno dei colleghi di Lamarck, infatti, aveva voluto commentare i suoi scritti. Un simile cercar teorie generali su bizzarri fenomeni tutt'altro che certi sembrava un atto di presunzione, una vanità indecorosa. Su Lamarck era caduto il più fitto silenzio.

Preoccupato di subire lo stesso destino, Darwin aveva tenuto da parte la sua ipotesi sulla selezione naturale in attesa di raccogliere un numero sufficiente di prove che potessero avvalorarla. Solo che, nel frattempo, il giovane e squattrinato Alfred Wallace – che da qualche anno girava per il mondo nella speranza di trovare fortuna grazie alle sue passioni naturalistiche – aveva avuto la stessa idea e l'aveva raccontata alla persona di cui si fidava di più: che, neanche a dirlo, era proprio Charles Darwin.

Combattuto tra l'onestà di agire in modo corretto (comunicando l'idea di Wallace a Lyell affinché la rendesse nota) e la tristezza di vedere così distrutta tutta l'originalità del proprio lavoro, Darwin aveva di che essere inquieto. Oggi sappiamo che quando Wallace intuì il funzionamento della selezione naturale, Darwin era già un convinto evoluzionista. I diari dimostrano che la sua conversione avvenne nella primavera del 1837. Ma come provare che egli non avesse rubato l'idea a Wallace, proprio leggendola nella lettera da lui ricevuta?

Si creò un bel pasticcio, che solo Hooker e Lyell poterono districare. Alla fine entrambi gli studiosi – Darwin e Wallace – ottennero il riconoscimento a pari merito e va peraltro detto che la novità non ebbe all'epoca grande clamore. Al contrario, provocò confusione tra gli scienziati, inclusi gli stessi Hooker e Lyell. Ciò che infatti in quei giorni Wallace e Darwin riuscirono a fare fu convincere la comunità scientifica del fatto che gli organismi si evolvessero. Su questo ci fu finalmente un certo accordo. Che i cambiamenti avvenissero per selezione naturale era invece qualcosa che a molti sembrava improbabile. Una simile spiegazione appariva artificiosa e troppo meccanicistica. Lo stesso Lyell non accettò mai la selezione naturale e restò a lungo scettico persino nei confronti dell'evoluzione. Quando alla fine si convinse che gli organismi potessero evolversi nel corso del tempo si riferì al fenomeno definendolo sempre «la teoria di Lamarck». Con grande disappunto di Darwin.

In realtà il meccanismo di evoluzione per selezione naturale differiva da quello ipotizzato da Lamarck. Alla nascita, la prole presenta piccole variazioni: ogni individuo è leggermente diverso dalle sorelle, dai fratelli e dai genitori. Queste differenze creano uno scarto nelle capacità di adattamento alle condizioni circostanti.

Immaginiamo dei conigli che usino le orecchie per avvertire l'avvicinamento dei predatori. Dopo l'accoppiamento, la generazione dei nascituri presenta individui con variazioni: alcuni hanno le orecchie più alte, altri orecchie più basse. I soggetti con le orecchie più alte riusciranno a sentire l'arrivo dei predatori con maggiore anticipo. Di conseguenza avranno maggiore probabilità di fuggire: subiranno meno rischi, vivranno più a lungo e produrranno più figli. Quest'ultimi, nascendo da genitori con le orecchie lunghe, avranno a loro volta orecchie lunghe ma, data la normale differenza che si registra alla nascita, alcuni di loro avranno orecchie ancora più lunghe rispetto agli altri. Tali soggetti dalle orecchie particolarmente lunghe saranno anch'essi avvantaggiati. E pure in questo caso produrranno più figli rispetto ai loro fratelli e alle loro sorelle.

Generazione dopo generazione, il carattere «orecchie lunghe» diventerà sempre più diffuso nella popolazione e di conigli dalle orecchie corte in breve se ne vedranno ben pochi.

Il processo va avanti finché non trova una forza selettiva antagonista. Per esempio, potrebbe accadere che il carattere orecchie particolarmente lunghe consenta sì di individuare l'arrivo del predatore, ma abbia un difetto collaterale: aiuta i predatori a scoprire più facilmente i conigli. Le orecchie potrebbero per esempio emergere dai cespugli, tradendo la presenza di chi le tiene sul capo. A questo punto, le orecchie particolarmente lunghe smettono di essere un vantaggio assoluto. Si trovano in opposizione con un costo: l'eventualità di essere scoperti. Se il costo è elevato, cioè se il rischio di essere scoperti è più consistente del vantaggio di sentire i predatori da lontano, chi è nato casualmente con orecchie lunghe ma non troppo si troverà adesso in posizione di vantaggio: riesce a sentire i predatori a una distanza accettabile, ma al contempo non viene scoperto perché può rimanere nascosto sotto i cespugli. Nel giro di qualche generazione, saranno i suoi figli a diventare più numerosi e la popolazione si evolverà verso una lunghezza di orecchie intermedia, adattata alle condizioni in cui vivono i conigli.

3.

Per capire la ragione che ha indotto la vita per tanto tempo a fare a meno del sesso bisogna guardare alla revisione del darwinismo classico operata da Haldane e da altri due studiosi: Ronald Aylmer Fisher e Sewall Wright.

Questi biologi furono tra i maggiori protagonisti della declinazione in chiave genetica delle idee di Darwin. Secondo il loro costrutto teorico, affinché un tratto sia presente in un soggetto, è necessario che nel suo corredo genetico sia presente il gene che lo determina. Tale gene può esistere in forme differenti, dette *alleli*.

Questa in realtà è una semplificazione. Spesso i tratti del soggetto sono determinati dalla interazione di più geni, ma ciò non cambia la sostanza delle cose. Se un coniglio ha orecchie particolarmente lunghe significa che è portatore di un allele che determina tale particolare lunghezza. Va anche detto che, come si vedrà nel capitolo sull'immaginario genetico, questa è una visione marcatamente gene-centrica. In effetti, i biologi hanno ormai individuato altri meccanismi che si affiancano a quello genetico nel determinare l'esistenza o meno di un carattere. Ma ai tempi di Fisher, Haldane e Wright non si sapeva molto di tali fenomeni epigenetici e del resto è pur vero che la loro prospettiva rimane ancora valida in molti casi.

Una delle conseguenze del loro punto di vista è che implica una conseguenza: *se un carattere esiste in un individuo questo deve essere vantaggioso per l'individuo stesso.*

Torniamo all'esempio dei conigli e immaginiamo che

in un primo momento tutti gli individui abbiano orecchie normali. A un certo punto, una variazione genetica (un nuovo allele) fa nascere un soggetto con le orecchie particolarmente lunghe. Questo soggetto è in grado di avvertire i predatori da lontano ma è anche il primo a essere predato perché non riesce a nascondersi. Il tratto che possiede si rivela per lui letale, ma potrebbe servire agli altri. Il coniglio dalle orecchie allungate potrebbe per esempio lanciare un allarme prima di essere ucciso. In questo caso le sue orecchie costituirebbero uno svantaggio personale (muore), ma un grande vantaggio per la collettività (gli altri si salvano).

In passato si pensava che un simile tratto anatomico persiste nel corso del tempo poiché permette la *sopravvivenza della specie*. I genetisti dimostrarono che si tratta di una falsa convinzione: se il soggetto che possiede il gene orecchie lunghe lancia il suo grido di allarme e muore prima degli altri, avrà poche speranze di lasciare eredi. Forse non avrà il tempo di lasciarne neanche uno. Se così fosse, nella generazione successiva nessuno sarà più portatore dell'allele orecchie lunghe. Quella variazione unica e rara sarà dunque persa, con buona pace della specie che dovrà arrangiarsi come può con le orecchie corte che le sono rimaste.

In gergo, i biologi fanno riferimento a questo fenomeno affermando che *la selezione agisce prima sull'individuo e solo dopo (eventualmente) sulla collettività*. Affinché un certo carattere biologico abbia successo, esso deve recare un vantaggio riproduttivo a chi lo possiede: solo così potrà propagarsi.

In un simile contesto biologico, il sesso diventa improvvisamente sconveniente. Le ragioni appariranno chiare nel prossimo paragrafo. Il che rende ancora più necessaria una risposta all'interrogativo iniziale: per quale motivo a un certo punto della storia naturale la sessualità ha fatto la sua apparizione e da allora non è più scomparsa?

4.

Il motivo per cui il sesso è sconveniente è che comporta molti costi. Trovare il partner, darsi a complessi riti seduttivi, scontrarsi coi rivali, rischiare di non essere mai scelti sono alcuni degli esempi più evidenti. Come conseguenza, il mondo biologico è rimasto per milioni di anni senza il benché minimo desiderio voluttuoso avvalendosi di un sistema più casto per lasciare eredi: la riproduzione asessuale. Questo meccanismo permette di avere «figli» senza che siano prodotti gameti (uova e spermatozoi) o che vi sia scambio di materiale genetico tra individui differenti. Ciò avviene per esempio attraverso la *scissione binaria* e la *segmentazione*: in questi casi il soggetto si divide in due o più parti ognuna delle quali darà luogo a un nuovo figlio. Lo stesso può avvenire tramite la formazione di spore che poi genereranno adulti senza bisogno di fecondazione. Oppure per mezzo della *partenogenesi*, un sistema riproduttivo in cui le femmine producono delle uova che si sviluppano autonomamente, senza bisogno di fecondazione, generando individui di sesso femminile.

Meccanismi riproduttivi asessuali si ritrovano nei virus, nei batteri, in molti insetti, in certi pesci, rane, lucertole, comprese specie con animali di grossa taglia come lo squalo zebra o il drago di Komodo.

Dato che la riproduzione asessuale non comporta i costi del sesso, sembrerebbe essere un meccanismo migliore: un ipotetico gene che induca a riprodursi sessualmente dovrebbe dunque tendere a diventare sempre più numeroso nelle generazioni future.

Per verificare se in effetti questa eventualità sia probabile, bisogna costruire uno di quegli scenari mentali che sono il gioco preferito dei biologi evoluzionisti. In genere iniziano con espressioni come «immaginiamo una popolazione». E allora, procediamo allo stesso modo. Immaginiamo una popolazione composta da quattro soggetti: un maschio e una femmina con riproduzione sessuale, e due femmine partenogenetiche che si riproducono asessualmente. Ipotizziamo che entrambi i sistemi permettano di avere un figlio a ogni ciclo riproduttivo e che questi figli si riproducano a loro volta nello stesso modo usato dai genitori.

Al primo ciclo riproduttivo, i due soggetti sessuati formano una coppia e danno vita a un individuo. Adesso dunque i soggetti sessuati sono tre.

Nel frattempo, le due femmine partenogenetiche si riproducono ognuna per conto proprio. Hanno una figlia ciascuna. La loro numerosità sale a quattro.

Al ciclo riproduttivo successivo, dei tre soggetti sessuati uno (o una) rimane senza partner: a riprodursi è quindi una sola coppia che dà vita a un quarto individuo. La numerosità dei soggetti sessuati adesso è quindi pari a quattro.

Le femmine partenogenetiche erano diventate quattro. Si riproducono ognuna e diventano otto.

La popolazione complessiva risulta quindi composta adesso da quattro individui con riproduzione sessuale e otto individui asessuali. Già appena dopo soli due cicli riproduttivi appare quindi evidente una tendenza: le femmine partenogenetiche si stanno moltiplicando più velocemente. Nel giro di qualche generazione non si vedrà più neanche un maschio!

5.

Se il sesso esiste per ragioni evoluzionistiche, dev'esserci una qualche ragione vantaggiosa che ne bilanci i costi. A prescindere dal dato meramente numerico che si è visto nell'esempio precedente, vi sono altri fattori che abbassano la resa della riproduzione sessuale: il corteggiamento, la produzione dei gameti, gli scontri tra rivali possono diminuire sensibilmente il numero di occasioni per riprodursi.

Nell'Ottocento, l'evoluzionista tedesco August Weismann aveva capito che i caratteri ereditari sono trasmessi solo dalle cellule germinali (uova e spermatozoi) e da nessuna altra parte del corpo. Nel 1886, nel suo saggio *Il significato della riproduzione sessuale all'interno della teoria della selezione naturale*, scriveva: «È noto che questo processo [la riproduzione sessuale] consiste nella fusione di due cellule germinali distinte, o forse solo dei loro nuclei. In questo modo, durante la riproduzione anfigonica – vale a dire sessuale – si combinano due gruppi di tendenze ereditarie. Considero questa combinazione come la causa dei caratteri individuali ereditari e ritengo che la produzione di tali caratteri sia il vero significato della riproduzione sessuale. Lo scopo di questo processo è quello di creare quelle differenze individuali che costituiscono il materiale da cui la selezione naturale produce nuove specie».

In tempi a noi più vicini, l'idea di Weismann fu ripresa e modificata, da Fisher e dal biologo americano Hermann Muller che pensarono così di aver risolto il mistero del sesso: a loro avviso, lo svantaggio riproduttivo della sessualità sarebbe ampiamente compensato dalla maggiore variabilità presente nei figli prodotti per via sessuale. Entrambi, infatti, giunsero indipendentemente alla conclusione che il vantaggio stesse nella capacità del sesso di ricombinare il materiale genetico permettendo alle variazioni avvenute casualmente in organismi distinti di ritrovarsi insieme in un solo individuo.

Possiamo capire il loro punto di vista ritornando all'esempio dei conigli. Ammettiamo che in una popolazione insorga una variazione che fa crescere orecchie particolarmente lunghe. Come abbiamo visto nelle pagine precedenti, una simile novità non è granché vantaggiosa poiché chi la possiede può sentire i predatori da lontano ma è anche facilmente riconoscibile. Ammettiamo adesso che, nella stessa popolazione, altri conigli abbiano una variazione genetica diversa: il nuovo allele potrebbe dar luogo a orecchie mimetiche, difficilmente individuabili fra i cespugli. Anche in questo caso la novità non conferisce di per sé un grande vantaggio, perché le orecchie mimetiche di questi conigli sono di lunghezza normale e dunque perfettamente nascoste sotto la vegetazione.

Entrambi i gruppi vivono le proprie novità evoluzionistiche senza sapere bene cosa farsene. La possibilità che chi ha orecchie particolarmente lunghe possa subire una mutazione genetica che le renda anche mimetiche è un dato rarissimo, quasi impossibile. È già capitato una volta e sperare che capiti di nuovo è davvero troppo.

Se i conigli si riproducono sessualmente, le cose però cambiano: un fortuito amore conigliesco tra due tipi diversi può mettere insieme le loro diversità. I figli di questa coppia potrebbero ricevere l'allele orecchie particolarmente lunghe da un genitore e l'allele orecchie mimetiche dall'altro. In un attimo si ritroverebbero con i due tratti dei genitori sommati insieme ottenendone un marcato vantaggio che permetterebbe loro di avere molti più figli.

La soluzione di Fisher e Muller sembrò aver risolto ogni mistero. Ma gli entusiasmi delle coppie in amore in cerca di molteplicità vennero presto raffreddati da un altro interrogativo: chi ne trae beneficio?

In effetti, l'ipotesi di Fisher e Muller sostiene che il sesso comporti un beneficio aggiuntivo (l'aumento della variabilità) ma non chiarisce chi siano i beneficiari di tale vantaggio. Ne sono avvantaggiati i figli? I genitori? La specie? E soprattutto, chi paga i costi necessari per avere in cambio tali benefici, chi salda il conto degli svantaggi della riproduzione sessuale?

Sul secondo interrogativo non ci sono perplessità. I costi sono stati pagati dai genitori. Nessuno dubita del fatto che siano stati loro a riprodursi. Sui vantaggi, invece, lo scenario è più vago. Di certo una parte dei benefici va alla specie, alla collettività, perché questi nuovi individui con orecchie particolarmente lunghe e mimetiche al tempo stesso riescono a contrastare meglio i predatori e sfatano dunque l'eventualità di una possibile estinzione della specie. Ma i genitori? Hanno avuto anch'essi qualche beneficio?

L'idea che il sesso promuova variabilità e che questa variabilità sia utile alla specie in quanto permette un migliore adattamento all'ambiente va sotto il nome di *ipotesi del Vicario di Bray*. Il Vicario di Bray è un personaggio di fantasia noto nella cultura britannica per le sue repentine conversioni religiose in ossequio al credo dei regnanti di turno. L'ipotesi sembra risolvere il dilemma del sesso: anche se per l'individuo il sesso è sconveniente, il soggetto accetta di riprodursi per via sessuale affinché la specie possa godere della variabilità necessaria per affrontare possibili cambiamenti ambientali.

C'è solo un problema. Ricordate le femmine partenogenetiche? Bene. Stanno ancora riproducendosi al doppio della velocità rispetto agli altri. Siamo tutti ben contenti che la specie prosperi a gonfie vele, ma se gli individui con riproduzione sessuale hanno meno eredi dei soggetti con riproduzione asessuale, ciò implica che stanno diminuendo generazione dopo generazione. I soggetti che godono di una certa variabilità grazie alla propria genesi sessuale saranno anche migliori in un mondo diverso, ma dato che il mondo cambia lentamente, ci vorranno secoli prima che possano dare prova del proprio ardore evolutivo. Nel frattempo, però, lo svantaggio che subiscono incide negativamente sul loro tasso riproduttivo e questo, come abbiamo visto, li può portare all'estinzione. Haldane lo aveva già chiarito: affinché il sesso resti presente nella popolazione, è necessario che chi si riproduce con modi sessuali abbia più figli, ovvero che abbia un vantaggio personale. L'ipotesi del Vicario di Bray, dunque, non funziona.

6.

A proposito di vantaggi e svantaggi, si potrebbe parafrasare la nota battuta di Henry Miller: «Il sesso è una delle nove ragioni per cui conviene stare a casa la sera. Le altre otto sono prive d'importanza».

Un dato è evidente. Il sesso esiste. In molte specie costituisce anche uno degli elementi di principale interesse, in grado di far compiere, con buonumore, fatiche che poche altre cose riescono a suscitare con lo stesso entusiasmo. Quindi, se la soluzione del Vicario di Bray non è in grado di spiegarne l'esistenza, dev'esserci un'altra spiegazione.

Negli anni Settanta del Novecento, il biologo americano George Williams riformulò l'ipotesi del Vicario considerandola dalla prospettiva del soggetto. In effetti vi è un caso in cui essa può funzionare. Se i figli prodotti sessualmente hanno un vantaggio non nel futuro quando l'ambiente sarà cambiato, ma oggi stesso, allora anche i genitori sono avvantaggiati: i loro figli si riprodurranno meglio diffondendo i geni dei genitori. Come dire, avere dieci figli che si riproducono male può essere meno vantaggioso di averne tre che però si riproducono meglio.

Secondo la prospettiva di Williams, il vantaggio immediato della riproduzione sessuale sarebbe dovuto al fatto che la maggiore variabilità dei figli consente loro di sfruttare meglio le risorse. Per esempio, permette loro di colonizzare nuovi ambienti.

Nel 1971, Maynard Smith ipotizzò che il sesso si rende necessario nei casi in cui i figli debbano migrare in un nuovo habitat in cui la variabilità potrebbe permettere un più facile adattamento. Se sei un genitore e sai che i tuoi figli si ritroveranno in un ambiente diverso da quello in cui vivi tu, è meglio che essi siano diversi, come diverso appunto potrebbe essere l'ambiente in cui finiranno. George Williams spiegò tale necessità ricorrendo alla metafora della lotteria. La riproduzione asessuata è come avere tanti biglietti della lotteria tutti con lo stesso numero. Ma per vincere – invece – è necessario avere molti biglietti diversi.

Sotto la nuova prospettiva, il sesso sembra finalmente utile anche agli individui che lo praticano. Williams ebbe la sensazione di aver trovato un riscontro empirico in natura quando rivolse la sua attenzione agli afidi: questi piccoli insetti si moltiplicano asessualmente durante l'estate sulle piante di rose; prima dell'inverno, l'ultima generazione produce invece maschi e femmine che si accoppiano in modo sessuale e danno vita a piccoli individui che passano i mesi freddi dell'inverno sotto forma di cisti indurite, aspettando il ritorno del caldo.

Gli afidi sembrano dimostrare che finché le condizioni persistono stabili e favorevoli (durante l'estate) conviene praticare la riproduzione asessuale replicandosi molto ma restando grossomodo uguali; quando invece giunge l'inverno (e le condizioni climatiche si fanno ostili) è meglio procurarsi una buona dose di variabilità grazie a un po' di sesso. In effetti, nel momento in cui le cisti si risveglieranno in primavera, l'ambiente che troveranno potrebbe essere diverso da quello in cui vivevano i loro genitori: meglio dunque poter contare su una buona dose di variabilità prima di mettersi a dormire.

Anche le fragole sembrano confermare l'ipotesi di Williams e Maynard Smith. Se si coltiva una pianta di fragole, si noterà presto che essa produce dei rami laterali che tendono a gettarsi di lato e a mettere radici producendo una nuova piantina. La fragola moltiplica così i propri discendenti per via asessuale. A un certo punto, tuttavia, la pianta produce delle parti edibili: le fragole. Sulla superficie della fragola si trovano dei piccoli puntini gialli che sono il risultato della riproduzione sessuale: i puntini non sono altro che ovuli fecondati che verranno trasportati negli intestini degli animali che se ne sono cibati. La fragola sembra dunque rispondere alla regola: se devo riprodurmi nell'ambiente in cui io sopravvivo bene, è meglio non cambiare le carte vincenti; se produco discendenti per colonizzare nuove nicchie, è meglio renderli vari di modo che qualcuno risulti adeguato al posto che troverà.

Sotto questa prospettiva, il sesso sembra dunque essere la soluzione all'*incertezza ecologica*. Una prospettiva non tanto confortante per quelli che vivono una vita priva di viaggi avventurosi ed esplorazioni alla Indiana Jones. Per coloro che speravano di trovare nel sesso un qualche rimedio alla placida noia dei giorni passati tra casa e ufficio non ci sono buone notizie: il sesso è roba da avventurieri. A noi, stanziali della vita quotidiana, sembrerebbe restare solo la riproduzione asessuale, se non fosse per il fatto che la nostra specie – sfortunatamente – non si ricorda più come praticarla.

7.

Nel mondo evoluzionistico non si può stare tranquilli. Graham Bell, un biologo inglese entusiasta delle ipotesi di Maynard Smith e George Williams, pensò che se i due biologi avevano ragione, si sarebbe dovuto trovare *più sesso* negli ambienti di acqua dolce piuttosto che nel mare. Posti come pozzanghere, acquitrini e persino fiumi variano continuamente nel corso dell'anno aumentando e diminuendo il proprio volume, in certi casi prosciugandosi del tutto. In luoghi del genere, ci si attenderebbe dunque di trovare molte specie che, come gli afidi, hanno la possibilità di riprodursi sessualmente appena le condizioni ambientali stanno per diventare ostili.

Bell però trovò tutto il contrario: proprio nell'acqua dolce le specie con riproduzione asessuale sembrano prevalere numericamente rispetto a quelle che abitano il mare. Riscontrò inoltre che nel caso di specie che praticano entrambi i sistemi riproduttivi, il sesso viene adoperato non quando il clima si fa rigido ma quando il sovraffollamento rende più rara la disponibilità di risorse. Per dirla con Matt Ridley, il *modello della lotteria* prevede che il sesso sia più comune tra creature piccole che devono affrontare ambienti fortemente mutevoli, ma nella realtà è proprio in questi contesti che risulta più raro. Al contrario, il sesso è la regola tra creature grandi, longeve che abitano ambienti stabili.

Nel 1974, Michael Ghiselin ritornò sui dati empirici di Bell e propose una spiegazione a questa stranezza. La maggior parte degli individui non sta scontrandosi contro cambiamenti climatici o ambientali, ma contro il rischio di trovarsi in competizione con i suoi stessi parenti per via della limitazione delle risorse. Se ognuno dei figli presenta invece una maggiore variabilità – nasce con caratteristiche un po' diverse – potrà allora occupare una nicchia ecologica diversa, un piccolo pezzetto di ambiente poco colonizzato. In questo modo riduce la competizione con gli altri membri della famiglia.

Un simile sistema comporta un vantaggio non solo per le generazioni future, ma anche per i genitori i cui figli proliferano meglio lasciando più eredi a loro volta.

Graham Bell chiamò la sua idea di sessualità l'*ipotesi della riva lussureggiante* (*tangled bank*) ispirandosi a un passaggio molto celebre dell'*Origine delle specie* in cui Darwin scriveva: «È interessante contemplare la riva lussureggiante di uno stagno, rivestita da molte piante di vari tipi, con uccelli che cantano nei cespugli, con vari insetti che ronzano intorno, e con vermi che strisciano nel terreno umido, e pensare che tutte queste forme così elaboratamente costruite, così differenti l'una dall'altra, e dipendenti l'una dall'altra in maniera così complessa, sono state prodotte dalle leggi che agiscono intorno a noi. [...] Vi è qualcosa di grandioso in questa concezione della vita, con le sue diverse forze, originariamente impresse dal Creatore in poche forme, o in una forma sola; e nel fatto che, mentre il nostro pianeta ha continuato a roteare secondo l'immutabile legge della gravità, da un così semplice inizio, innumerevoli forme, bellissime e meravigliose, si sono evolute e continuano a evolversi».

Il Darwin creazionista-evoluzionista che contempla la pingue vita del laghetto sembra la conclusione perfetta per il giallo della sessualità. In fondo era stata proprio la sua teoria evoluzionistica a generare il rebus, a suscitare la domanda: come può mantenersi nel tempo un comportamento se riduce il numero di figli?

La risposta sembra adesso chiara: perché questi figli presentano maggiore diversità rispetto a chi è generato per via asessuale. E la diversità, nel contesto naturale, è un vantaggio consistente.

L'ultima parola è dunque detta? Il problema è infine risolto?

No. C'è infatti una nuova obiezione empirica all'ipotesi della riva lussureggiante. Questa prevede che il sesso debba essere presente tra organismi che hanno molti figli e abitano un ambiente ridotto. Sono queste le condizioni in cui si crea facilmente il sovraffollamento: molti individui in poco spazio. Sono queste, ovvero, le condizioni in cui fratelli e sorelle rischiano di essere in stridente competizione. Ma il sesso si trova ben diffuso anche in animali che non vivono in posti né affollati né ristretti. Un esempio? La balenottera.

Con i suoi ventotto metri di lunghezza e centossessanta tonnellate di peso, la balenottera non può certo essere definita un piccolo animale da compagnia. Bonaria tra le sconfinate latitudini dei mari oceanici, mastodontica ed elegante nei suoi tuffi nel blu, perché mai dovrebbe produrre variazioni al proprio assetto organico? Non è già una splendida creatura ben adattata al proprio ambiente? Esiste da qualche milione di anni senza aver avuto bisogno alcuno di farsi crescere roba tipo proboscidi sul muso o orecchie sulla testa. Del resto, che bisogno ne avrebbe? Il mare è uno degli ambienti più stabili che esistano sul pianeta. Inoltre, è talmente vasto che nel caso di organismi in grado di nuotare per centinaia di miglia non sembra si possa parlare di sovraffollamento. Ultimamente, peraltro, rischiano persino l'estinzione.

Insomma, stando alla teoria del sovraffollamento e dell'antagonismo per le risorse, la balenottera dovrebbe essere tra le più caste creature del mondo. O insomma, di certo tra le più asessuali. Ma non è così. Il mistero, dunque, torna di nuovo a galla.

8.

Haldane è stato il primo a capire il senso evoluzionistico del sesso. Il che non stupisce. Era figlio del fisiologo scozzese John Scott Haldane dal quale apprese – negli anni in cui si trovava con lui presso l'università di Oxford – a non seguire mai vie convenzionali. Sono celebri i racconti sulle tecniche sperimentali adottate da padre e figlio. Per esempio, la loro tecnica per verificare la tossicità delle sostanze, come quelle che potevano subire gli operai nelle miniere di carbone, prevedeva che invece di sperimentare gli effetti sugli animali, fossero provati su loro stessi. Haldane padre e figlio avevano l'abitudine di assumerne piccole dosi delle sostanze tossiche, misurando poi – tra uno svenimento e l'altro – che tipo di alterazione fisica avevano provocato.

Alla fine degli anni Cinquanta, Haldane figlio – John Burdon – aveva intuito che il sesso potesse essere in qualche modo correlato all'esistenza di organismi patogeni. L'intuizione fu ripresa negli anni Ottanta del Novecento dall'evoluzionista inglese William Donald Hamilton, prima con calcoli matematici fatti a mano, poi, qualche tempo dopo, con modelli simulati al computer. Col software da lui adoperato, era possibile simulare l'evoluzione di un gruppo di organismi in cui sono presenti sia soggetti asessuali sia soggetti con riproduzione sessuale. In tutte le simulazioni effettuate il risultato era sempre il medesimo: gli individui con riproduzione sessuale scomparivano nel giro di poco tempo per via del tasso riproduttivo più basso rispetto a quello degli individui asessuali.

A un certo punto, tuttavia, Hamilton introdusse un elemento di disturbo. Aggiunse la presenza di agenti patogeni quali batteri, virus e parassiti di vario tipo. Nella simulazione, i patogeni attaccavano più difficilmente i soggetti che presentavano maggiore variabilità. Ciò è verosimile in quanto, nel mondo reale, l'aggressione dei patogeni dipende spesso dalla loro capacità di trovare una via di accesso negli organismi che infettano.

I virus, per esempio, sono composti soltanto da un filamento genetico e da una capsula di protezione. Non hanno il sistema di organuli cellulari necessari per replicarsi. Per riprodursi, i virus devono allora entrare in una cellula e sfruttare gli strumenti biologici che essa possiede. La cellula da parte sua mette in azione i propri sistemi di difesa per evitare che corpi nocivi passino al suo interno insieme alle sostanze di cui ha bisogno. Adopera un meccanismo sentinella posto sulla sua superficie. Questo lascia passare solo le sostanze che vengono riconosciute. Esiste ovvero una sorta di sistema chiave-serratura. I virus cercano di creare delle *chiavi false* che diano loro accesso all'interno della cellula. Come conseguenza, se la cellula non varia le proprie serrature è facile che una delle chiavi sviluppate dai virus possa funzionare.

Come abbiamo visto, la riproduzione sessuale genera variabilità. Tale variabilità non ha luogo solo sull'aspetto fisico degli individui, ma anche nella loro composizione molecolare, nella struttura delle proprie proteine. Grazie al sesso, l'assetto molecolare dei figli varia maggiormente.

Queste piccole variazioni a livello molecolare rendono inefficaci le chiavi escogitate dai virus.

Ovviamente, il virus continua anch'esso a variare rapidamente. Per farlo non usa la sessualità, ma la sua semplicità: avendo dimensioni minime e avendo una costituzione estremamente semplice, il suo ciclo vitale è molto breve. Come conseguenza si riproduce a un tasso estremamente più veloce rispetto agli organismi che attacca e dunque muta con molta facilità.

Per stare al passo di un così alto tasso di modificazioni, gli organismi più evoluti non potevano usare anch'essi la velocità perché la loro struttura corporea richiede tempi più lunghi per effettuare un ciclo riproduttivo. Avevano insomma bisogno di un sistema altrettanto efficace nel creare variabilità, ma in grado di farlo lentamente. Questo sistema fu il sesso.

L'ipotesi sviluppata matematicamente da Hamilton trova una raffigurazione più letteraria nei lavori del 1973 di Leigh Van Valen. Biologo evoluzionista dell'Università di Chicago, Van Valen scoprì un dato sensazionale studiando i fossili marini: famiglie di organismi viventi che sono esistite per tempi molto lunghi, si sono estinte con la stessa facilità di famiglie che hanno avuto vite evolutive più brevi. In altre parole, *le specie non diventano più brave a sopravvivere via via che si evolvono*. Il loro rischio di estinzione rimane lo stesso nel corso del tempo. Il fatto che i conigli abbiano orecchie particolarmente lunghe e mimetiche con cui scansare i predatori non li tutela dall'eventualità che domani mattina i predatori evolvano un olfatto potentissimo con cui trovare i conigli la notte mentre dormono. Nel momento in cui un salto evolutivo del genere entrasse nei cromosomi dei predatori di conigli, i conigli dovrebbero evolvere rapidamente un altro modo per sottrarsi ai denti dei loro avversari, pena un rapido ingresso nel lungo elenco delle specie estinte!

Questo fenomeno è definito *effetto Regina Rossa*, così chiamato da Van Valen per via della storia di Alice e del suo incontro con la Regina che corre come il vento rimanendo sempre nello stesso posto. Alice è meravigliata: «Nel nostro paese di solito si arriva da qualche altra parte se si corre molto velocemente per molto tempo». Ma la Regina Rossa le risponde: «Un paese lento! Qui ci vuole tutta la corsa che si può fare per rimanere nello stesso posto. Se vuoi andare da un'altra parte, devi correre almeno il doppio di così!».

9.

I biologi propendono ormai per soluzioni multiple. Non è solo un meccanismo a giustificare l'insorgenza del sesso nella storia naturale, ma più ragioni complementari. In taluni casi può aver prevalso un effetto, in altri un effetto diverso.

Va inoltre detto che i modelli genetici raccontano solo una parte della storia, quella riconducibile soprattutto agli organismi più semplici in cui la relazione tra geni e comportamento è molto stretta. Come si vedrà nel capitolo sull'immaginario genetico, l'evoluzione segue strade diverse e negli organismi più complessi. Nel caso umano, la componente psicologica e culturale è divenuta predominante svincolandoci ampiamente dalla *legge costi e benefici* prevista nei modelli evoluzionistici di un tempo.

Se ad afidi e conigli la dinamica della propagazione dei geni permette solo azioni volte a minimizzare gli sprechi e rendere massimi i vantaggi, in organismi più complessi ciò diventa sempre meno necessario. Nel caso umano, in particolare, molti dei nostri comportamenti sono ormai regolati dalla cultura più che dai geni, e il loro successo dipende dalle nostre visioni filosofiche, da come intendiamo il vivere sociale e dalla nostra relazione con gli altri e con noi stessi.

Se il sesso ha per noi qualcosa di ironicamente paradossale, ciò non riguarda la sua storia biologica ma il nostro modo di intenderlo. In molte culture, ancora oggi, la sessualità è interpretata sotto le restrizioni del *pensiero unico*. E non solo per ciò che concerne gli aspetti morali, ma anche nelle varie declinazioni ideologiche che chiamano in causa le radici, l'unicità della razza, il ritorno alla stirpe e la necessità di preservare la società contro il declino causato dalle contaminazioni genetiche. Sembra roba ormai archiviata, ma solo più di un decennio fa, il periodico scientifico «Intelligence» dava alle stampe una ricerca (sic!) in cui si sosteneva che i nativi del Sud Italia siano meno intelligenti perché nell'anno Mille entrarono in contatto con gli arabi subendone una irreversibile contaminazione genetica.

Dietro a certe affermazioni si cela solo ignoranza e una scarsa conoscenza del mondo reale. Lo studio e il rigore scientifico, al contrario, possono aprire prospettive inattese. I sostenitori della *linea pura* che ancora oggi si augurano matrimoni tra simili per evitare il deterioramento della loro famiglia e della società, farebbero bene a dedicarsi a un po' di diligente studio con occhio attento alla scienza. Scoprirebbero che il sesso è un'invenzione biologica tutta volta in direzione opposta: creata proprio per generare variabilità, per rompere la tradizione genetica del passato e dar luogo a nuove combinazioni. Scoprirebbero che senza questa diversità permanente la specie umana e gran parte del mondo animale e vegetale si sarebbero già estinti da millenni, sterminati da microscopici rivali delle dimensioni di un batterio o di un virus. Speriamo davvero che aprano gli occhi, che queste rivelazioni gli facciano smaltire la sbornia dei loro pregiudizi.

Noi nel frattempo, prima di congedarci, potremmo fare ancora un salto nel giardino della Specola di Firenze, tra le lucciole che danzano di sera. Tra quei fiori, tra quegli steli di erba, tra quelle pozze di acqua, scopriremmo che non sono da sole. Un intero mondo canta i propri amori: ci sono le rane, le coppie di fringuelli, le farfalle colorate. E ancora i grilli, le coccinelle, le lucertole, le salamandre, i pesci rossi, i pipistrelli e persino qualche gatto miagolante. Sotto la luminosa volta delle lucciole in amore, troveremmo accesa la grande festa della varietà, un'allegra danza di modi diversi di dirsi «ti amo» o, insomma, qualcosa del genere.

Dico «troveremmo», parlo al condizionale. Perché se facessimo un salto adesso al giardino della Specola forse non troveremmo più nulla. La gioia, l'amore e tanti altri risvolti del sesso durano giusto un istante prima di restituirci all'ordinarietà delle nostre vite. Proprio per questo dovremmo stare attenti a difenderli da chi cerca di rovinarli con falsità di ogni genere. Sono aspetti preziosi. Come la curiosità, lo studio, la riflessione filosofica. Come l'amore stesso. Piccoli momenti brevi e fragili. Come le cose più importanti della nostra vita, di cui vorremmo prenderci più cura.

Secondo natura

1.

Non tutti propendono per gli *amorosi sensi*. Schopenhauer tentò con un discreto successo di star lontano da certi risvolti obliqui della seduzione. Parafrasando Lord Byron, diceva: «Tanto più guardo gli uomini tanto meno mi piacciono. Se soltanto potessi dire la stessa cosa delle donne, tutto sarebbe a posto».

Schopenhauer non aveva moventi religiosi per la sua fuga dalle cose del mondo, ma le scherzose *ragion pratiche* che accompagnavano la sua vita intellettuale richiamano temi noti tra coloro che in passato hanno cercato riparo dalle tentazioni del corpo. Raccolta nella vita monastica, intorno all'anno Mille, Herrada di Landsberg elencava a riguardo ciò che la carne ha da offrire: lascivia, esuberanza, tentazione, adulazione, amore, piacere, sconcezza, turpiloquio, sudiciume, voluttà, fornicazione, divertimento, ostentazione, avvenenza, discordia. Sul versante opposto, l'anima – leggera e incontaminata – permetteva le più alte grazie della contemplazione spirituale.

Questo disprezzo delle cose del mondo fu presente anche in epoca classica, a cominciare dai pitagorici, transitando poi attraverso Platone e gli stoici fino ad affermarsi in Occidente a opera di pensatori come Ilario, Girolamo, Ambrogio e soprattutto Agostino. Progressivamente si assistette a una trasformazione del peccato originale: non più *eccesso di orgoglio*, come lo si descrive nell'Antico Testamento, ma *peccato di voluttà*, abbondanza di cupidigia da parte degli esseri umani.

L'idea ebbe un'autorevole formulazione nel *De contemptu mundi* di Lotario di Segni – poi papa Innocenzo III –, opera che contribuì a far cristallizzare tale visione del mondo nel pensiero occidentale. Quale redenzione, ammenda e riscatto dell'anima, Lotario predicava la fuga: dal corpo e dalla vita terrena. Le beatitudini si trovano tra le ariosità celesti: chi auspicava dunque una propria liberazione dal peccato originale non aveva da perdersi in lungaggini da queste parti; doveva piuttosto abbandonare l'imperfezione materiale della vita terrena rifugiando i propri giorni negli eterei confini della propria anima.

Del resto, la corruzione terrena non preoccupava solo il futuro papa. Altri teologi del suo tempo ne avvertivano i pericoli, come si coglie chiaramente nell'accorate parole di Ugo di San Vittore che in anni non lontani aveva scritto: «O mondo immondo, perché ti abbiamo amato in questo modo? È dunque questo il vantaggio che da te viene? È questa la tua promessa?

Questa la speranza che possiamo riporre su di te? Perché in te abbiamo sperato? Perché a te abbiamo creduto? Perché abbiamo voluto riflettere su di te? Ecco come fummo ingannati. Non abbiamo nient'altro, siamo rimasti senza niente. O mondo immondo, perché ti abbiamo amato in questo modo?».

Contro questa disperazione, contro le ragioni stesse di questo disperarsi, Francesco d'Assisi muoverà la sua rivoluzione evangelica. Come hanno ben chiarito nei loro studi Francesco Coniglione e Claudio Leonardi, nel santo di Assisi non esiste il disprezzo della natura e del corpo, in lui non c'è alcuna ombra gnostica. L'esperienza nasce dai sensi e continua sino allo spirito.

Torneremo a fine capitolo sulla relazione tra natura, misticismo e conoscenza quando parleremo di Giordano Bruno. Qui, per il momento, vorrei affrontare un interrogativo: quando possiamo credere di agire in modo naturale? La risposta potrebbe venire proprio dalla castità.

2.

Una delle declinazioni del pensiero unico dell'epoca contemporanea è che bisogna *comportarsi secondo natura*. Ciò è più che mai raccomandato quando si tratti di questioni sessuali: il sesso va fatto secondo natura e ogni scostamento è da considerarsi devianza, eccesso, difetto o anche *inversione*.

«Sono degli invertiti», rispondeva una giovane ragazza a Pasolini mentre lui la intervistava a proposito degli omosessuali nel suo documentario *Comizi d'amore*.

La povera ragazza aveva le sue ragioni: se la natura dispone le cose in un certo modo, chi agisce diversamente sta invertendo l'ordine del mondo.

Per il pensiero unico – secondo cui la realtà è uniforme, unica e priva di alternative – la questione appare semplice: «Questo è l'agire naturale e tutto il resto *è contro-natura*». Per noi – che invece stiamo scoprendo pagina dopo pagina quanto il molteplice sia frequente nella realtà fisica e spirituale –, comportarsi secondo natura sembra qualcosa più facile a dirsi che a farsi. E questo non perché non si abbia abbastanza fermezza, carattere o determinazione, quanto perché per agire secondo natura bisognerebbe prima capire cosa significhi la parola *naturale*.

Si direbbe: significa ciò che va in linea con natura, che rispetta le leggi naturali.

Il fatto però è che quando si usano indicazioni del genere si introducono facilmente errori prospettici. Per esempio, nel mondo esistono i destrorsi e i mancini. Quale delle due condizioni è naturale? Si potrebbe pensare che i destrorsi siano naturali più dei mancini, dato che sono più diffusi. Da qui, del resto, tutta quella semantica linguistica associata da sempre al lato sinistro dell'esistenza: ciò che è sinistro è sospettoso, inaffidabile, sgradevole, negativo.

Se seguiamo questa linea di pensiero possiamo trarre un *criterio di naturalità* basato sulla *popolarità*: è naturale ciò che è più frequente, ciò che caratterizza la maggior parte degli individui presenti in natura. Dunque, l'essere naturali diviene una questione numerica e il criterio per stabilire cosa sia naturale coincide con un'ipotetica *regola quantitativa.*

Il che tuttavia porta a diverse aberrazioni. Infatti, a dispetto del vocabolario, nessuno di noi crede che chi è mancino sia inaffidabile. Sebbene in passato i mancini venissero «corretti» affinché scrivessero con la mano destra, oggi fortunatamente troviamo la condizione innocua e del tutto normale: qualcosa che rientra nel ventaglio di differenze somatiche a cui siamo abituati e che reputiamo persino indispensabili per una vita appagante. Un mondo dove le persone fossero tutte uguali, sarebbe una condanna. Si immagini che allegria trovarsi nella condizione in cui ti piacciono le persone basse con gli occhi verdi e ti ritrovi invece in un mondo dove sono tutti alti e con gli occhi azzurri: altro che castità intellettuale, questa sarebbe la via per un'abiura riproduttiva senza consolazione.

La definizione di *naturale* basata sulla regola della popolarità o della numerosità sembra dunque non funzionare. Il colore degli occhi offre un altro esempio. Nel mondo esistono iridi con migliaia di sfumature diverse. Possiamo raggruppare queste colorazioni in grandi categorie cromatiche: il blu, il verde, il nero, il marrone. Se applichiamo la regola della popolarità, dobbiamo affermare che gli occhi naturali sono quelli marroni perché questi risultano essere i più frequenti, diffusi in circa il 55% della popolazione mondiale. Qualcosa di simile vale anche per il colore dei capelli: il biondo è presente in meno del 2% degli uomini e delle donne. Ne viene fuori un quadro nel quale i soggetti con capelli biondi e occhi chiari sono *deviazioni* da considerare innaturali.

Anche in questo caso, dunque, il criterio della numerosità non funziona.

Un ultimo esempio chiarisce ulteriormente la sua inefficacia. Prendiamo in considerazione il genere umano e continuiamo a fare domande che sembrano bizzarre (in effetti lo sono) ma che servono proprio a ragionare per assurdo. Per esempio, potremmo chiederci: cosa dobbiamo considerare naturale, essere femmina o essere maschio?

Qui la situazione sembra intonarsi meglio al criterio della popolarità. Si potrebbe infatti rispondere: entrambe le condizioni sono naturali perché entrambe sono equamente diffuse.

La ragione di questa equa ripartizione è dovuta al fatto che, nel contesto biologico, la numerosità è in genere associata alla convenienza evoluzionistica. Negli ambienti naturali, l'equilibrio numerico tra i sessi è determinato dalla resa delle due condizioni. In un mondo popolato prevalentemente da femmine, il maschio ha più vantaggi: trova molte partner con cui riprodursi e dunque ha più successo riproduttivo. La condizione del maschio diviene vantaggiosa e tende a farsi più frequente nella popolazione.

A questo punto, tuttavia, i maschi sono diventati più numerosi delle femmine. Il gioco delle convenienze cambia assetto. Essere maschi adesso non vale più un granché: le femmine infatti si stanno riproducendo tutte, mentre qualcuno degli individui maschili non trova una partner libera e dunque non riesce ad avere eredi. In un simile contesto, la condizione più conveniente non è più quella dei maschi ma quella delle femmine, che dunque cominciano a diventare più numerose generazione dopo generazione. Si viene così a creare un'altalena di strategie evoluzionistiche in cui si ha equilibrio solo quando entrambi i sessi si trovano in numero paritario.

I sostenitori del *si deve fare solo ciò che è secondo natura* possono sentirsi soddisfatti: nel caso del sesso, sembrerebbe possibile applicare il criterio della numerosità e sostenere che «è naturale ciò che accade più spesso e infatti l'essere maschio e l'essere femmina sono entrambe condizioni naturali poiché si presentano con frequenza analoga».

Il criterio però cede in questo caso a un *compromesso temporale*. Andrebbe accompagnato dall'espressione «oggi», se non persino «adesso». Sono molteplici infatti gli elementi che possono alterare gli equilibri numerici e, poiché tutte le specie esistenti sono in continua evoluzione, l'attuale rapporto quantitativo tra i sessi potrebbe essere modificato in futuro.

L'affermazione può apparire paradossale, ma si tratta di qualcosa che capita già adesso. La popolazione europea e nordamericana è al momento leggermente spostata verso il genere maschile, con una natalità di circa 101 maschi per ogni 100 femmine. Gli studiosi non sanno spiegare la ragione.

Stabilire che le donne siano *innaturali* poiché meno frequenti rispetto agli uomini (anche se di poco) sarebbe una sonora assurdità. Per mantenere valida la definizione di natura secondo il criterio della popolarità senza per questo affermare sciocchezze, bisognerebbe allora aggiungere un'*approssimazione quantitativa*, qualcosa che affermi che «se la differenza numerica non è eccessiva la si può trascurare».

In questo modo, è possibile considerare che uomini e donne siano parimenti abbondanti con differenze numeriche trascurabili. La definizione, tuttavia, comincia a suonare un po' artificiosa, di certo appesantita da una buona dose di complicazioni. Al criterio delle numerosità si è dovuto aggiungere una *limitazione temporale* e una *approssimazione quantitativa*. La definizione di naturale diviene qualcosa del genere: *si dice naturale la condizione che è più diffusa nel mondo, in questo momento dell'evoluzione, salvo il caso di piccole differenze numeriche.*

In genere, tra gli scienziati, se una regola ha troppe eccezioni si pensa che non sia la regola giusta. Quando Copernico formulò l'ipotesi che la Terra non fosse al centro dell'universo preferì tenere la cosa per sé. Temeva infatti di finire al rogo. Fu Rethicus, il suo allievo, ad annunciare al mondo la scoperta del suo maestro in quella sintesi che oggi conosciamo col titolo di *Narratio Prima*. Nel farlo, temendo anch'egli di fare una brutta fine, Rethicus illustrò la teoria copernicana presentandola non come una nuova concezione cosmologica, bensì come un sistema che permetteva di fare i calcoli matematici più facilmente quando si trattava di misurare la posizione degli astri.

Per forza che i conti venivano più facili. Dato che il sistema tolemaico (quello secondo cui al centro dell'universo stava la Terra) era un sistema falso, per spiegare numericamente il movimento dei pianeti osservato in cielo secondo quel sistema si doveva far ricorso a lungaggini, compromessi e astrusità di cui la concezione copernicana non aveva bisogno. Sarebbe come spiegare perché una torta non sia cotta bene ipotizzando che per cucinarla non la si debba mettere nel forno ma piuttosto nel frigorifero. In tal caso, per giustificare la sua mancata cottura, si dovrebbe ricorrere a una serie di cause del tutto artificiose: che la farina non abbia l'umidità giusta, che le uova non siano state concepite al chiaro di Luna, che lo zucchero non fosse aggregante, che l'aroma di vaniglia porti sfortuna. Insomma, tutte ragioni inventate nel tentativo di far quadrare i conti.

Al pari di simili criteri artificiosi, anche il principio di popolarità usato fin qui per definire cosa debba reputarsi naturale appare tanto macchinoso da suonare sospetto.

Si aggiunge anche il fatto che in natura esistono specie nelle quali l'equilibrio numerico tra i sessi non è rispettato. Le api, per esempio, sono in prevalenza femmine. Gli afidi lo sono anche. In quei contesti, i maschi si rivelano essere un'eccezione. Stando all'idea secondo cui *è naturale ciò che si presenta più spesso*, questi maschi sarebbero dunque innaturali, una stranezza all'interno di una specie dove la normalità è essere femmina.

Se applichiamo la legge della numerosità al caso umano, simili effetti distorsivi persistono e diventano talmente paradossali da suscitare una certa ilarità. A farne le spese non è solo la misoginia di filosofi come Schopenhauer di cui abbiamo detto in apertura. Tra le *eccezioni* finiscono anche yogin, mistici e ogni altro fautore o fautrice della vita casta: a dispetto dei loro sforzi morali, i virtuosi dell'astensione risultano essere al momento in apprezzabile minoranza. Dunque, se applichiamo la regola numerica, la castità va estromessa dall'araldica naturale; e con essa, ogni altra preferenza (sessuale o meno) praticata da qualsivoglia gruppo minoritario: quelle stranezze o deviazioni, come le si chiamano nei salotti perbenisti, che i frequentatori di quei salotti giudicano essere scandalosamente «contro natura».

3.

C'è un ultimo difetto che riguarda la definizione numerica di naturale. Per coglierlo dobbiamo prendere in esame un altro esempio che può suonare strano: le pinne.

Cosa va considerato naturale, averle o farne a meno?

Si dirà: dipende dal gruppo biologico a cui appartieni; se hai le pinne e sei un pesce è tutto secondo natura; se hai le pinne e sei un macaco, puoi considerarti un tipo piuttosto bizzarro.

La definizione usata fino adesso ha dunque bisogno di un ulteriore emendamento: deve tenere conto del *gruppo biologico di appartenenza*. La definizione va così riformulata: «è naturale la condizione più diffusa, all'interno del tuo gruppo biologico di appartenenza, in questo momento dell'evoluzione, salvo piccole differenze numeriche».

A parte la lungaggine (comincia a diventare una definizione un po' complessa, specialmente se la si deve usare quando si è nel bel mezzo di una serata mondana prima di scegliere un partner appropriato), a parte la lungaggine, dicevo, il problema di questa definizione è che essa conduce a ciò che i filosofi chiamano *regresso all'infinito*. Presenta infatti al proprio interno qualcosa che a sua volta richiede una definizione. Cosa si intende per «gruppo biologico di appartenenza»?

Nel caso dei merluzzi e dei macachi la questione è presto risolta: gli uni sono pesci, gli altri sono mammiferi. Quindi è naturale avere le pinne se sei un pesce e non lo è se sei un mammifero.

Ma che dire se il confronto viene fatto coi delfini? Anche loro sono mammiferi.

In tal caso, dovremmo sostenere che *è naturale avere le pinne se sei un mammifero*. E tuttavia non possiamo seguire questa strada perché è anche vero che non è naturale avere le pinne se il mammifero di cui si parla è un cavallo, una mucca o un gatto. Dunque per certi mammiferi la cosa è naturale, per altri no. Un'ambiguità che rende la definizione basata sulla numerosità del tutto inutile.

Chi ancora avesse voglia di difendere l'idea che sia naturale *ciò che accade più di frequente* interverrà sostenendo che le categorie di mammifero e pesce sono troppo allargate, troppo generiche. Insisterà per trovare un raggruppamento più ristretto, una classe più circoscritta che meglio definisca ciò che è giusto *tra noi* e ciò che lo è *per gli altri*. Si potrebbe per esempio dire che sia *naturale ciò che capita più di frequente all'interno della propria specie*.

Anche in questo caso, tuttavia, la soluzione sarebbe precaria. Il criterio «segui ciò che fa la tua specie» è piuttosto arbitrario. Perché mai dovremmo comportarci come fanno gli altri individui della nostra specie? Tutti i maschi del popolo Inuit dell'Artico si lanciano all'inseguimento delle foche dentro canoe larghe al massimo cinquanta centimetri: quando ne vedono una, le scoccano contro un arpione che è legato alla canoa tramite una lunga corda; la foca fugge trascinando con sé la canoa e l'Inuit che si ritrova così capovolto nell'acqua pronunciando frasi di rito e imprecazioni contro la tradizione finché la sua preda non si arrende e si ferma esausta.

Dovremmo fare lo stesso solo perché noi e gli Inuit apparteniamo entrambi alla specie *Homo sapiens*?

«No», mi si dirà. «Non siamo obbligati a farlo. Perché in effetti gli Inuit sono una minoranza etnica e dunque le loro abitudini non sono affatto frequenti nella nostra specie: sono praticate solo da pochi individui.»

Ma se prendiamo le cose in questo modo allora il rebus dal titolo *Cosa è naturale?* ci porta ad affermare un'altra assurdità: nell'attuale genere umano noi saremmo da considerare soggetti del tutto naturali (non cacciamo con la canoa e giriamo civilmente in macchine alimentate con idrocarburi inquinanti) mentre il nostro cugino Inuit finirebbe con l'essere considerato un tipo *innaturale* in quanto si comporta come la maggior parte di noi non sta facendo!

L'avevo detto. Quando una definizione è troppo complessa, è probabile che sia sbagliata. Il caso di Copernico e Rethicus è ancora valido. L'idea che sia naturale ciò che si verifica maggiormente (o che viene fatto dai più) è tanto assurda da portarci ad affermare che la vita del cacciatore Inuit mossa da leggi arcaiche ereditate da tradizioni aborigene millenarie sia meno naturale di chi vive in città con l'unico rischio nel procurarsi il cibo del caroprezzi alla cassa.

Ovviamente, l'ostinato difensore della regola del più frequente potrebbe tentare un ultimo argomento. Potrebbe cercare un raggruppamento più ristretto, fare riferimento a espressioni come «tra la tua gente», «nella tua razza». Potrebbe dire «è naturale ciò che capita più di frequente non nel genere, né nella specie, ma piuttosto *nella tua razza*».

Il regresso all'infinito si ripresenterebbe di nuovo. Ci spingerebbe verso gruppi sempre più piccoli. La «razza» (termine che non ha alcun valore scientifico), infatti, non è abbastanza omogenea: al Sud ci si veste più leggeri, al Nord si gira incappucciati. Presenta dunque diversità al suo interno. È un insieme ancora troppo generico. Andrebbe ristretto ulteriormente. Con cosa? Con quelli della mia regione? Della mia città? Del mio quartiere? Quelli che lavorano con me? Quelli che mi fanno simpatia? Quelli con cui condivido il condominio? Il regresso all'infinito galoppa. E come sanno i filosofi, non si arresterà. Bisogna cambiare definizione.

4.

Piuttosto che arrovellarsi con interrogativi di merito, conviene forse guardare alla natura: cosa stanno facendo piante e animali per comportarsi in modo naturale?

Si danno a quelle che i biologi chiamano *strategie evoluzionisticamente stabili*.

I biologi hanno scoperto che i sistemi naturali presentano raramente soluzioni uniche. La dinamica biologica tende a mettere in azione soluzioni alternative in grado di svolgere il medesimo compito, in certi casi con modalità persino opposte e tuttavia altrettanto efficaci: due o più modalità coesistono e si mantengono stabili.

Nel vasto mondo delle strategie alternative, un caso emblematico è offerto dal rospo calamita (*Bufo calamita*). Per riprodursi, i maschi possono adottare due tecniche alternative. La prima è quella classica: piazzarsi in posto comodo e darsi a potenti gracidii lirici velatamente narcisisti. Le femmine di rospo, a quanto pare, vanno matte per questo tipo di esternazioni d'amore.

Il tutto funziona bene se sei un maschio abbastanza corpulento. Il suono emesso infatti è proporzionale alla stazza corporea. Il sistema non funziona invece se sei un tipo gracile, magari perché troppo giovane. In questo caso, svenarsi i polmoni in gorgoglii barocchi serve a poco. Gli individui più piccoli hanno escogitato allora una soluzione alternativa: si posizionano vicino a un maschio di grosse dimensioni e aspettano l'arrivo delle femmine. La concitazione del momento e la sfregola del non voler rimanere in fila tra le pretendenti fanno il resto: capita infatti che si consumino non pochi amori tra le femmine in attesa e i rospi pessimi nel canto ma abili nel corteggiamento clandestino. Le due strategie (questo è il termine che si usa in gergo biologico) sono equivalenti. Del resto, tutto quel mettersi in mostra canora da parte dei soggetti più grossi fa perdere loro tempo ed energie; a tutto vantaggio di chi preferisce soluzioni più discrete.

C'è ancora un caso emblematico che vale la pena citare. Riguarda i crostacei marini del genere *Paracerceis*, piccoli invertebrati che vivono dentro le spugne marine. In questa specie si riscontra un interessante *dimorfismo sessuale*. Con questo termine, i biologi indicano le differenze anatomiche presenti tra femmine e maschi. In tanti casi, si ha un dimorfismo duale: il genere femminile ha certe caratteristiche, quello maschile ne ha altre. Nel *Paracerceis*, il dimorfismo presenta invece quattro eventualità. Oltre alle femmine, esistono tre tipi di maschi.

Il primo tipo è definito α. Ha dimensioni normali e per riprodursi allestisce un harem con diverse femmine.

Il tipo β ha dimensioni più piccole. Somiglia a una femmina e per riprodursi adotta una tecnica simile a quella di Tony Curtis con Marilyn Monroe in *A qualcuno piace caldo*: si introduce nell'harem di un altro maschio fingendo di essere un'avvenente fanciulla e poi una volta lì cerca di sedurre la femmina appena la situazione lo consente.

Infine c'è il tipo γ le cui dimensioni sono talmente piccole che non solo non può permettersi un harem ma non è neanche credibile come femmina. A lui non resta che nascondersi tra i tessuti cavernosi della spugna e scivolare fuori quando il proprietario dell'harem è distratto per tentare un furtivo e rapido amplesso.

Gli studiosi hanno verificato che le tre morfologie, e i relativi sistemi riproduttivi, dipendono dal numero d'individui di sesso femminile che popolano gli harem. Se si ha una sola femmina, la strategia migliore è quella del maschio α poiché è l'unico che riesce a riprodursi. Se invece vi sono numerose femmine come sovente capita in questi organismi, anche le altre due tipologie di maschio hanno una buona resa. In laboratorio è stato osservato che se la numerosità è sufficientemente alta, tutti i tipi producono all'incirca lo stesso numero di figli e le tre soluzioni sono dunque evoluzionisticamente stabili: si mantengono nel tempo e vanno tutte bene.

Simili condizioni di equilibrio si riscontrano molto di frequente e pressoché in tutto il regno vivente. In certi casi, come quelli qui osservati, implicano differenze morfologiche; in altri invece coinvolgono solo la sfera comportamentale.

Si deve a John Maynard Smith l'applicazione nel campo evoluzionistico di un modello predittivo tradizionalmente riconducibile alle scienze economiche: la cosiddetta *Teoria dei giochi*.

Maynard Smith, e dopo di lui folle di studiose e studiosi, hanno mostrato molti casi in cui gli organismi possiedono moduli comportamentali che li inducono a seguire ruoli diversi, ma in grado di totalizzare punteggi equivalenti.

Si immagini per esempio una società composta da individui di due tipi: i falchi e le colombe. Che cosa conviene essere? Si potrebbe pensare che la condizione del falco sia la più fortunata: chi è falco mette in fuga gli avversari e si procaccia facilmente partner, cibo e un bel posto dove vivere in tutta comodità. Le cose, tuttavia, non sono così lineari. In un ipotetico *Atlante di cose che chiamiamo scientifiche ma che non lo sono affatto*, l'idea che *chi è più forte* dispone di più risorse sarebbe un mito presto sfatato.

I falchi infatti combattono anche se ciò comporta il rischio di ricevere una ferita mortale; le colombe invece adottano una strategia più cauta: praticano parate minacciose per intimorire l'avversario, ma appena ci si avvicina allo scontro reale fuggono senza ripensamenti. Certo, così facendo perdono ciò per cui stavano per combattere (cibo, territorio, partner) ma ne escono sempre illese, non rischiano mai di rimanere ferite.

È possibile attribuire a queste diverse strategie dei costi e dei benefici ipotetici. Si può stabilire che la vincita valga 50 e la perdita 0. Il compiere parate minacciose potrebbe costare -10 poiché comportano un investimento di tempo ed energia. La perdita in uno scontro vale invece -100 perché nel modello si ipotizza che chi sia stato sconfitto durante un combattimento abbia subito delle brutte ferite.

Se adesso si mettono a confronto le rese dei diversi comportamenti e si simulano tutti gli scontri possibili (colomba contro colomba, falco contro falco, falco contro colomba) si riscontra uno scenario interessante: il modello matematico mostra infatti che, anche se la colomba non ottiene mai nulla quando si trova in competizione con un falco (ed è dunque costretta a cercare cibo altrove), la sua strategia è migliore di quella dei falchi, i quali combattono sempre e vincono nella metà dei casi, ma nell'altra metà delle occasioni subiscono ferite potenzialmente mortali.

Al di là dei dettagli matematici (che ci si può divertire a calcolare a tavolino), la teoria dei giochi di Maynard Smith dimostra che *il comportamento da adottare dipende dalle condizioni circostanti*. In una popolazione composta prevalentemente da colombe, il falco ha un'ottima resa: non è mai ferito (le colombe non combattono) e ottiene sempre tutti i vantaggi. In una popolazione composta in prevalenza da falchi, la colomba se la passa meglio: ottiene quel poco che può, ma vive senza rischi e si riproduce più a lungo.

Anche in questo caso, dunque, la condizione naturale non è unica né immutabile. Al contrario, vi sono molteplici condizioni naturali e la loro popolarità varia nel corso del tempo, in relazione a ciò che fanno gli altri.

5.

Da ciò che si è visto, la materia vivente sembra restia a consegnarsi alle soluzioni uniche. Tende piuttosto a generare sistemi multipli che, liberi da vincoli moralistici o ideologici, agiscono simultaneamente o alternandosi. Certo, questo non è un principio assoluto. Anche la singolarità ha il suo spazio nel mondo biologico. Ma, diversamente da ciò che viene spesso sostenuto, essa non ha un ruolo totalizzante.

In queste pagine siamo partiti dall'ipotesi che si potesse definire un criterio chiaro e inequivocabile per separare ciò che è naturale da ciò che non lo è, ciò che *avviene secondo natura* da ciò che *è contro natura*. Si è cercato un principio unico, singolo, universale.

Questo criterio non poteva avvalersi di principi esterni come la divinità, la giurisdizione o le scelte ideologiche. Non si poteva dire è naturale ciò che vuole Dio, la legge, tale o talaltra ideologia. In tal caso non si sarebbe più trattato di un principio naturale, ma una indicazione *teologica*, *normativa* o *politica*.

Si è scelto dunque di definire ciò che è naturale come ciò che si verifica più spesso in natura. Ma come abbiamo visto, una simile scelta ci ha condotto in una miriade di controsensi. La sua pretesa di trovare uno spartiacque basato su un principio unico, singolo e immutabile si è mostrata fallimentare. È giunto dunque il momento di considerare una definizione di natura volta alla molteplicità. Essa trova sostegno in molti degli esempi visti fino adesso e anche da un caso persino più incisivo e spesso molto discusso quando si parli di *ciò che è fatto secondo natura*: l'omosessualità.

Gli studiosi hanno rintracciato circa millecinquecento specie animali in cui l'omosessualità non è un tabù. Comportamenti omosessuali sono stati osservati in tutti i gruppi tassonomici, sia negli invertebrati che nei vertebrati. Sono presenti in insetti, ragni, echinodermi, pesci, anfibi, rettili, uccelli e mammiferi. Come ha evidenziato un recente studio di José M. Gómez e colleghi, «il comportamento sessuale fra individui dello stesso sesso è particolarmente diffuso nei primati non umani, dove è stato osservato in almeno cinquantuno specie, dai lemuri alle scimmie. Questo comportamento non è limitato a un solo sesso o all'esistenza di condizioni artificiali, poiché è stato osservato in maschi e femmine sia in cattività sia in condizioni selvatiche».

In altre specie ancora, gli individui possono cambiare sesso in relazione a cosa fanno gli altri. È il caso del pesce pagliaccio delle barriere coralline. Questo pesce presenta individui che cambiano sesso nel corso della propria vita: se sono più piccoli di chi gli sta attorno, scelgono di essere maschi e di accoppiarsi con individui che possono contenere più uova grazie alle maggiori dimensioni; se invece si trovano circondati da soggetti piccoli, si trasformano in femmine e si comportano di conseguenza.

In questa specie, la regola «è naturale ciò che è più comune» va definitamente in frantumi: l'equilibrio numerico tra maschi e femmine muta di continuo e dipende da ciò che stanno facendo gli altri.

Sembra dunque che sia la molteplicità il vero principio naturale, il criterio che rappresenta la regola piuttosto che l'eccezione.

A tal riguardo c'è un'ultima obiezione da tenere in conto. Qualcuno potrebbe contestare la molteplicità avvalendosi di un ampolloso principio della *destinazione originaria*. Proprio in riferimento alla sessualità ciò è accaduto.

Secondo il *principio della primigenia natura* (così potremmo chiamarlo qui), il sesso fu creato (o si auto-generò) per consentire agli organismi di unirsi e avere dei figli. Questo sarebbe il suo utilizzo originale. Va da sé che ogni altra destinazione debba essere reputata impropria e innaturale.

Se questo principio fosse valido, dovrebbe avere una portata generale. Ma si riscontrano molteplici casi di comportamenti e tratti anatomici usati diversamente dalla loro destinazione originaria.

Il nostro organo vocale, per esempio, è fatto per poter comunicare. Cantare canzoni prive di significato o usare le labbra per fischiettare una melodia senza precise intenzioni comunicative corrisponderebbe a un uso improprio. Analogamente, noi abbiamo sviluppato molte delle nostre abilità comportamentali per cacciare, uccidere gli avversari e cibarci di carne e altri alimenti. Stando al principio della destinazione originaria, chiunque utilizzi la propria struttura anatomico-comportamentale per compiere azioni diverse da quelle primitive appartenute ai nostri avi e predecessori, starebbe compiendo una *deviazione dal corso naturale*. Uno sportivo, una matematica o un artista sono tutti casi disfunzionali, eccezioni straniere a ciò che ha sempre fatto il genere umano.

Si pensi anche alla nostra mente. Essa non si è sviluppata per scrivere poesie o inventare filastrocche, ma per capire come procacciare cibo e difendersi dagli avversari. Dunque, per restare naturali buttiamo nel cestino Omero, Shakespeare, Bashō e Cervantes.

Insomma, stando all'idea della destinazione primigenia, oggi dovremmo considerarci tutti innaturali. Siamo pieni di parti anatomiche, organi e comportamenti che usiamo in modo improprio per darci piacere e per elevare il nostro spirito.

Anche questa definizione di ciò che va secondo natura non sembra quindi convincente. Il nostro udito ci serve per sentire gli altri, ma ci permette anche di godere della musica. Dovremmo pensare che ne facciamo un uso innaturale? Gli occhi sono fatti per schivare predatori e procurare cacciagione, ma noi li usiamo anche per soffermarci a guardare il corso delle stelle o i colori di un dipinto di Miró. Dovremmo reputarci per questo creature reiette?

6.

Tutti i tentativi di difendere l'applicabilità del pensiero unico alla natura falliscono portandoci dentro scenari paradossali. Le ragioni del molteplice sono state dimostrate procedendo per assurdo: si è cercato di sostenere che la natura sia qualcosa di omogeneo, e ciò si è rivelato falso. Se il pensiero unico può avere un posto nella natura, esso si trova nella mente di chi lo sostiene. In effetti, ciò che l'osservazione e la riflessione filosofica rivelano è che all'interno della nostra società coesistono *rappresentazioni diverse della natura*, opinioni differenti su ciò che dovrebbe considerarsi naturale. Ognuna di esse, se contestualizzate storicamente, mostra proiezioni, timori, speranze, aspettative. Un caso emblematico, risale alle esperienze di due filosofi della tradizione italiana: Giordano Bruno e Galileo Galilei. Ho scritto già in altre sedi di loro, ma vi ritorno qui perché sono centrali per la comprensione del significato alto, profondo, che dovrebbe avere la natura intesa non come banale fonte di precetti o scusa ideologica per giustificare adempimenti disumani, ma piuttosto come luogo di riflessione filosofica e crescita spirituale. In questo paragrafo mi sposto dunque dal contesto delle teorie biologiche verso quello dell'analisi storiografica. Quest'ultima rivela aspetti non secondari del discorso attorno alla natura. Mostra le conseguenze che possono drammaticamente emergere quando due o più idee sulla concezione naturale del mondo, se non persino dell'universo, si pongono in antagonismo.

Ernst Cassirer – grande intellettuale del Novecento – ebbe a spiegare come la vocazione scientifica di Giordano Bruno – il grande filosofo originario di Nola di cui presto conosceremo i dettagli biografici – non muove solo verso l'esterno (allargare le conoscenze riguardo al mondo esterno) ma assume al contempo una direzione contraria, verso l'interno, in cerca di una consapevolezza del sé (un concentrarsi dello spirito che emerge dall'indistinto e si fa via via più evidente). Come chiarisce Cassirer, ogni crescita in estensione della natura, ogni allargamento del nostro sapere riguardo ai fenomeni naturali, sarebbe sterile e finirebbe per portare lo spirito nel vuoto se esso – lo spirito – non acquistasse una nuova intensità, una nuova concentrazione in sé stesso.

Con linguaggio psicologico e più attuale potremmo dire che il sapere attorno alla natura coincide in Bruno con la scoperta della propria dimensione interiore: la conoscenza del mondo esterno e quella spirituale si trovano in un abbraccio armonico. Secondo Bruno, infatti, non esiste un distinguo tra divinità e resto dell'universo, tra *creatore* e *creato*.

Spinoza riassumerà questa idea nella sua celebre massima *Deus, sive natura*: *Dio, ossia la natura*. Ma ciò è ben chiaro già nel pensiero di Bruno. Nel *De immenso* egli scrive: «Dio è infinito nell'infinito, dovunque in tutte le cose, non al di sopra né fuori di esse, ma ad esse assolutamente intimo: così l'essenza non è nulla al di là e al di fuori degli esseri, la natura non è nulla al di là delle cose naturali. La bontà non è nulla al di là delle cose buone. L'essenza si può distinguere dall'essere soltanto in senso logico, come la ragione da ciò di cui è ragione».

Bruno in questo passaggio ci dice che non esiste una *essenza* astratta che si possa chiamare *ragione*; esistono piuttosto i singoli atti concreti del pensiero, ai quali attribuiamo collettivamente il nome di ragione, quasi come se si trattasse di un'entità separata. Analogamente, non esiste un Dio distinto dalle parti che compongono la Natura stessa.

Nella pagina qui citata, Bruno mostra dunque un'idea di natura ben diversa da quella dei suoi coetanei. Il che non mancherà di provocargli guai. Anche perché, una simile concezione del mondo naturale lo porta a sostenere – ancora una volta con predicati ben distanti da quelli dei savi del suo tempo – che la ricerca spirituale debba svolgersi nel mondo e non al di fuori di esso.

In tal senso, Bruno si differenzia dai filosofi che biasimano il mondo. Quando nei suoi *Eroici furori*, qualche anno prima, aveva tuonato contro i poeti petrarcheschi che mettevano in rima gli strazi dell'amore, non lo aveva fatto accodandosi ai tanti pensatori in fuga dalle cose terrene. Tutt'altro. Il suo attacco alle lamentele in versi di certi poeti dell'epoca aveva per bersaglio lo spreco di ragione che si consuma in chi non è in grado di governare le tumultuose eventualità che il filosofo incontra nei suoi giorni: tanto le passioni della carne quanto le rivelazioni spirituali, entrambe manifestazioni della natura.

Diversamente da Herrada di Landsberg o Schopenhauer, Bruno domanda: «Ma che fo io? Che penso? Son forse nemico della generazione? Ho forse in odio il sole? Voglio forse ridur gli uomini a non raccòrre quel più dolce pomo che può produr l'orto del nostro terrestre paradiso? Son forse io per impedir l'instituto santo della natura?».

Questo si chiede mentre canzona coloro che con «cogitabundo, afflitto, tormentato, triste, maninconioso» fare, sprecano «l'elixir del cervello» e mettono «in concetto», e rendono pubbliche per iscritto «quelle continue torture, que' gravi tormenti», quei «faticosi pensieri, e quelli amarissimi studi destinati sotto la tirannide d'una indegna, imbecille, stolta e sozza sporcaria».

Bruno inveisce verso costoro, ma – torno a dire – non in ragione di una fuga ascetica e casta: «Non voglia, non voglia Dio» scrive «che questo giamai abbia possuto cadermi nel pensiero».

Perché non lo si pensi ostile all'amore fisico, il filosofo di Nola aggiunge un'inequivocabile immagine: «Anzi aggiongo che per quanti regni e beatitudini mi s'abbiano possuti proporre e nominare, mai fui tanto savio o buono che mi potesse venir voglia de castrarmi o dovenir eunuco».

Tutto nella vita di Bruno è fonte di esperienza e di conoscenza di sé: il mondo, gli amori, la sofferenza, la gioia, le ragioni del cuore e quelle della scienza. Tutto è fonte di conoscenza se si è in grado di governare il trambusto che questa natura traboccante provoca in chi la vive con stupore. Ben poco invece può dire a chi – come Petrarca – si lascia sopraffare dai piccoli sentimenti sprecando il tempo nella composizione di versi il cui unico intento è mettere in rima i rammarichi di chi si sente tradito da una dama che lo trova di scarso talento, di poco carisma e di nessun interesse.

Con questo attacco a Petrarca, la natura nell'accezione di Bruno diventa doppiamente sacrilega. Sia per via della sua coincidenza con la sostanza divina, sia perché adesso a parlarne è un filosofo che incarna egli stesso una commistione eretica: il pensatore dedito agli studi è al contempo l'uomo che non rinuncia alle lusinghe della passione.

Ma le difficoltà del filosofo di Nola non si limitarono ai suoi rapporti con il mondo ecclesiastico. La sua adesione al copernicanesimo gli aveva causato, già prima del processo per eresia, non poche traversie. È nota a riguardo la sua disastrosa esperienza avuta a Oxford. Per riferirne, vale la pena partire dal principio, quando Bruno, appena quattordicenne, prende i voti. Rinuncia all'epoca al suo nome – Filippo – come imponeva la regola domenicana e assume quello di Giordano. Si ritrova così nel convento di San Domenico Maggiore di Napoli dove si dedica alla lettura e allo studio. Nel 1576 la sua indipendenza di pensiero lo mette già nei guai. Discutendo le idee di Ario, il sacerdote alessandrino del III secolo dopo Cristo che aveva negato la consustanzialità – l'identità di sostanza – tra il Padre e il Figlio nella Santa Trinità, Bruno difende la tesi eretica di Ario – «ci fu un tempo in cui il Figlio non esisteva» – e viene denunciato da un suo confratello. Fugge allora a Roma dove è inseguito dalle accuse nei suoi confronti che nel giro di qualche giorno si fanno più consistenti: adesso lo si dice colpevole di un omicidio. Sono falsità, ma non è il caso di stare a temporeggiare. Bruno continua a scappare, come scriverà il bibliotecario Guillaume Cotin il 7 dicembre 1585, sia per via di un omicidio commesso in realtà da un suo frère, un suo fratello, per il quale egli è incolpato e in pericolo di vita, «sia per le calunnie dei suoi inquisitori che, ignoranti come sono, non concepiscono la sua filosofia e lo accusano di eresia». Inizia così il suo pellegrinaggio: attraversa l'Italia e giunge a Ginevra, dove aderisce al calvinismo e si iscrive all'università. Il suo carattere indipendente e l'originalità del suo pensiero lo inducono presto in contrasti. Litiga con i docenti e i pastori calvinisti. Come conseguenza subisce un processo e viene scomunicato. Deve anche ritrattare. Lascia dunque la Svizzera e si sposta a Tolosa, quindi a Parigi dove – come rammenta Michele Ciliberto – «per farsi conoscere negli ambienti accademici e politici, tiene un corso di trenta lezioni sugli attributi divini "tolti da Santo Thoma dalla prima parte", in qualità di maestro ordinario». Bruno si conquista ben presto l'ammirazione di Enrico III: a lui dedica il *De Umbris*. Il monarca nomina così Bruno "lettor straordinario e provvisionato". I lettori stipendiati direttamente dal re tenevano corsi pubblici aperti a chiunque: i loro seminari non avevano controlli né censure se non quelle del sovrano e costituivano così un luogo di discussione più interessante rispetto alla Sorbona e ad altre istituzioni universitarie.

Provvisionato. Bruno aveva dunque uno stipendio. Ma parte per l'Inghilterra, ospitato dall'ambasciatore di Francia Michel de Castelnau che gli affiancherà il letterato di origini italiane Giovanni Florio. A Londra, pubblica l'*Ars reminiscendi*, l'*Explicatio triginta sigillorum* e il *Sigillus sigillorum*, tre opere che gli danno lustro e autorevolezza, tanto da essere accolto come professore presso l'Università di Oxford. È lì che tiene le sue lezioni sulle teorie copernicane che gli alieneranno le simpatie degli accademici britannici. Frances Yates, celebre studiosa di questi temi, ha avuto modo di illustrare quanto a Oxford le novità astronomiche raccontate da Bruno non suscitarono né entusiasmo né gradimento. Vent'anni dopo, nel 1604, il futuro arcivescovo di Canterbury George Abbot, ricordava con queste parole le lezioni dell'ospite venuto da Nola: «Quell'omiciattolo italiano intraprese il tentativo, tra moltissime altre cose, di far stare in piedi l'opinione di Copernico, per cui la Terra gira e i cieli stanno fermi; mentre in realtà era la sua testa che girava e il suo cervello che non stava fermo».

Non c'è che dire. L'arcivescovo sapeva il fatto suo. Anche se quel fatto suo era tutto sbagliato.

7.

Nel corso delle sue lezioni, Bruno aveva sostenuto che il cielo – quella parte di natura che muove astri, stelle e oggetti celesti – poteva essere intesa non in unico modo, ma in due. Il primo modo l'aveva raccontato Tolomeo e con lui la tradizione aristotelica; l'altro era quello di Copernico. Bruno propendeva per il secondo. Reputava inoltre che l'universo non fosse finito come si pensava allora, ma fosse composto da infiniti mondi.

Anni dopo, nel 1615, Galileo tenterà una conciliazione i cui argomenti si trovano nella celebre lettera dedicata a Cristina da Lorena. Richiamandosi a una certa consuetudine dell'epoca insisterà sulla convergenza tra «legge naturale» e «legge divina», chiarendo come nella natura vadano ricercati i princìpi che Dio ha dato all'universo, mentre nelle Scritture sono da ricercarsi i precetti secondo cui doveva svolgersi la vita spirituale.

Tutt'altro che persuasi, gli interlocutori di Galileo trovarono la sua soluzione tanto eccentrica quanto inaccettabile. Da cui la loro controproposta: mettere anche questo argomento in pila con le altre carte e scartoffie che sapevano di eresia.

Quando in effetti, tempo dopo, Galileo finirà davvero al cospetto della Santa inquisizione per via delle sue idee riguardo al cosmo, dovrà abiurare in tutta fretta e il suo celebre *eppur si muove* resterà cosa da dirsi solo tra i denti.

Bruno, da parte sua, era stato invece più ostinato. Nel corso del processo che lo accusò d'eresia rimase fermo sulle proprie convinzioni. E lasciò così che i suoi giudici lo facessero ardere al rogo in Campo de' fiori, a Roma, appena cinquantaduenne.

Era il 1600. Oggi, ripensando all'atrocità provocate da quel cozzare di opinioni in merito alla natura del cielo, il nostro discorso si sveste di ogni possibile retorica teoretica. Le storie di Galileo e Bruno mostrano quanto gli enunciati attorno alla natura possano infliggere ingiuste sofferenze. Un'eventualità che, seppure con modi spesso meno definitivi, non manca di presentarsi ancora oggi.

A dispetto di qualsivoglia angustia di idee, la natura è molto più creativa e variegata di quanto in certi contesti la si voglia far passare. Non segue araldiche, non scorta ideologie. In modo spontaneo coglie ogni invenzione. E non solo quelle necessarie. A volte, come ha mostrato il biologo americano Stephen Jay Gould, tiene anche le invenzioni inutili, giusto perché si sono presentate.

Ecco, se una definizione di naturale va adottata, potrebbe suonare così: *è naturale tutto ciò che si presenta in natura.* È proprio questa ricchezza di possibilità, questa sovrapposizione infinita di eventualità, che rende la natura un luogo dello spirito, una manifestazione dello splendore dell'universo e dell'infinita potenza delle forze generatrici che lo animano. Del resto, in qualche modo, delle stesse idee era – già quattrocento anni fa – lo stesso Bruno. Ed è con le sue parole, dunque, che vorrei chiudere questo discorso sulla natura. Nei giorni del suo processo aveva detto: «In questi miei libri particularmente si può veder l'intenzion mia e quel che ho tenuto, la qual – in somma – è ch'io stimavo cosa indegna della divina bontà e potenzia che, possendo produr oltra questo mondo un altro ed altri infiniti, producesse un mondo finito».

Giudicavo cosa indegna per Dio che potendo inventare più universi – come a dire che potendo inventare una natura molteplice – si limitasse a crearne una sola.

Sono parole tanto luminose quanto poetiche. Così sottili e preziose da non essere capite dai contemporanei di Bruno. Non commettiamo lo stesso errore. Non chiudiamoci dentro mondi più piccoli di quelli in cui abbiamo la fortuna di vivere.

La molteplicità della natura ci mostra anche questo. Molte prigioni sono fatte solo di idee. Per evadere basta smettere di crederle uniche o ineluttabili. È allora che la molteplicità si presenta all'orizzonte davanti i nostri occhi: mostrandoci una natura fantasiosa e una infinità di combinazioni possibili lungo cui dare corso ai nostri sogni. Tutti ancora da inventare.

L'immaginario genetico

1.

Il 17 aprile 1787, Goethe, quasi quarantenne e già celebrato in tutta Europa per le sue opere letterarie, si ritrovò a passeggiare tra le piante dei giardini pubblici nei pressi dell'orto botanico di Palermo. La sera, nel suo diario, appuntò queste parole: «È proprio una sventura quella di essere perseguitato e tentato da ogni varietà di fantasie. Stamane, di buon'ora, sono andato al giardino pubblico con la ferma intenzione di dedicarmi ai miei sogni poetici; senonché, non mi ero ancora messo a lavoro che fui afferrato da un'altra idea, la quale mi aveva preoccupato già nei giorni scorsi».

L'idea che lo inseguiva era tutt'altro che letteraria e lui – esperto di libri e faccende umane – la percepiva come una tentazione illecita, un tradimento alle proprie competenze, un pericoloso abbandono del palcoscenico della sua indiscussa autorevolezza che lo consegnava a temi e argomenti di cui poteva a stento dirsi un dilettante. Ecco la *sventura*. Ecco la calamità. «Perché siamo sempre tanto allettati da cose nuove, tormentati da desideri che non riusciamo a soddisfare?», concludeva non privo di inquietudine.

Su queste parole torneremo più avanti. Per adesso, l'idea. Riguardava le piante e in particolare un *sospetto* che agli occhi di Goethe si presentava troppo intrigante per essere lasciato da parte. Da tempo, infatti, avvertiva una segreta passione per le scienze e i fenomeni naturali. Adesso, a Palermo, quelle passioni si erano ripresentate per via di alcuni fatti empirici attorno alla struttura degli organismi vegetali. Se n'era accorto osservando gli esemplari botanici che popolavano il giardino pubblico nel quartiere vicino alla marina: quel tratto di pianura detto di Sant'Erasmo per via della chiesa che una volta si erigeva lì in memoria del santo che fu, secondo la leggenda, vescovo in Siria; o forse così chiamato per un'involontaria coincidenza, per ricordare a noi quell'Erasmo, filosofo di Rotterdam, i cui libri costarono a Giordano Bruno la prima accusa di eresia. E se si parla di coincidenza è perché proprio il luogo palermitano intitolato a Erasmo era stato nell'uso simile alla piazza in cui Bruno fu giustiziato per le sue idee. Certo, nei giorni in cui Goethe si trovava a passeggiare tra erbe e fiori, nulla di quei tetri scenari rimaneva all'occhio dei visitatori; ma la memoria dei palermitani ben sapeva che nello sterrato davanti alla chiesa di Sant'Erasmo un tempo si andava a guardare gli eretici bruciare al rogo: spettacolo e monito per chi – coscienzioso nella propria condotta – si teneva ben lontano da simili condanne e in quelle occasioni trovava quasi un risarcimento alle rinunce che aveva patito nei tanti momenti in cui – croce alla mano, fede nel cuore, o paura nel ventre – aveva respinto le lusinghe dei satanassi e i sollazzi della carne.

Lontano da questi foschi scenari d'un tempo, Goethe poteva invece ammirare le meraviglie naturali che quel luogo aveva adesso da offrire. E poteva intarsiarvi sopra speculazioni e ipotesi. Ciò che le piante del giardino sembravano confermare era infatti l'idea secondo cui le specie vegetali potrebbero condividere una forma comune, primigenia, un disegno generale che riemerge durante le fasi di sviluppo del fiore e delle sue parti. All'epoca, il naturalista francese Lamarck non aveva ancora reso pubblica la sua teoria sulla trasformazione degli organismi. La gran parte degli studiosi era fermamente convinta che le specie viventi fossero sorte per via di un atto creativo all'alba dei tempi e nulla, da allora, le avesse più modificate. Le intuizioni di Goethe, dunque, per quanto già anticipate da altri studiosi, non erano prive di talento.

A suo avviso la forma primigenia delle piante andava ricercata nella foglia. «Mentre passeggiavo nei Giardini Pubblici di Palermo» scrisse in seguito nel suo resoconto sul viaggio in Italia «fui folgorato dall'idea che nell'organo della pianta che siamo abituati a chiamare foglia si trovi il vero Proteo che può nascondersi o rivelarsi in tutte le forme vegetali. Dalla prima all'ultima, la pianta non è altro che foglia».

Goethe non stava in sé per la gioia di quella scoperta. Scrisse a proposito: «Chiunque abbia avuto l'esperienza di trovarsi di fronte a un'idea gravida di possibilità, sia che l'abbia pensata da solo sia che l'abbia colta da altri, saprà che essa crea un tumulto e un entusiasmo nella mente, che fa prevedere intuitivamente i suoi ulteriori sviluppi e le conclusioni verso cui punta. Sapendo questo, capirà che la mia visione era diventata una passione ossessiva di cui mi sarei occupato, se non esclusivamente forse, ancora per il resto della mia vita».

L'intuizione gli era venuta per via dei fiori. Se li si guardava attentamente si poteva constatare che essi sono formati da foglie, oppure da strutture che sembrano foglie modificate. In effetti, un fiore è in genere costituito da una base detta calice, formata da sepali verdi simili a foglie; da una corolla composta da petali che sembrano sottili foglie colorate; e da una parte interna in cui si trovano le parti riproduttive: gli stami, contenenti i gameti maschili, e il gineceo contenente i gameti femminili.

Nelle sue peregrinazioni cittadine, Goethe aveva anche raccolto una gran quantità di esemplari vegetali per studiare lo sviluppo del seme: per verificare, ovvero, se anch'esso generasse una struttura simile a una o più foglie da cui poi il resto della pianta prendeva forma. Nel diario scriveva: «I botanici professionisti penseranno senz'altro che sono molto ingenuo quando dico che giorno dopo giorno, da tutti i giardini e durante ogni passeggiata ed escursione, ho portato via esemplari di piante. Ero particolarmente ansioso di osservare come appaiono i semi quando iniziano a germogliare, quando vengono alla luce del giorno. Per esempio, ho osservato la germinazione del *Cactus opuntia*, che assume una forma mostruosa una volta sviluppatosi, e sono stato deliziato nel vedere che si dispiegava in due tenere foglioline, come una dicotiledone, che con l'ulteriore crescita si sviluppano nella sua forma distorta. Ho avuto anche una curiosa esperienza con alcuni baccelli secchi di *Acanthus mollis* che avevo portato a casa e che tenevo in una piccola scatola senza coperchio. Una notte sentii qualcosa rompersi e subito dopo un rumore come di piccoli corpi che rimbalzavano contro le pareti e il soffitto. All'inizio non riuscii a spiegarmelo, ma poi scoprii che i miei baccelli si erano aperti e avevano sparso i semi per tutta la stanza».

L'entusiasmo di Goethe è contagioso e nel sentire le sue parole viene quasi voglia di fare altrettanto: preparare una valigia in tutta segretezza e darsi a una fuga verso una vita fatta di passeggiate, scoperte e quaderni pieni di appunti. La validità della sua ipotesi però non era così facile da dimostrare. Se si prende una arancia e la si apre in due, al suo interno si trovano molte cose interessanti, ma nulla che ricordi direttamente una foglia. Lo stesso può dirsi per molte altre parti vegetali.

Goethe, consapevole di queste difficoltà, moltiplicò studi e osservazioni. Alla fine, trovò un unico modo per tenere in piedi la sua opinione: fare appello a una categoria di creature biologiche del tutto particolari, esemplari che potevano essere riuniti sotto un nome comune: i cosiddetti *mostri speranzosi*.

L'appellativo in realtà fu inventato nel corso del

Novecento dal genetista tedesco Richard Goldschmidt. Goethe si limitava a chiamarli mostri e il termine lo aveva appreso da uno scienziato di grande autorevolezza: il celebre naturalista svedese Linneo. Nel suo *Systema Naturae* del 1735, Linneo aveva proposto un sistema di classificazione delle piante basato sull'anatomia degli organi sessuali di grande efficacia e presto diffuso tra studiosi e appassionati di natura.

A dire il vero, l'appellativo era un po' ingeneroso. In molti casi, le eccezioni biologiche allora definite mostri non erano così sgradevoli, soprattutto se si considera che tra queste bizzarrie della natura vanno annoverate anche alcune rose: la forma comune, quella selvatica, presenta fiori con cinque petali sparuti; le forme aberranti, ottenute nei vivai, sono spesso sterili e hanno sostituito i propri organi sessuali con petali che rendono i fiori larghi, gonfi e magnifici all'aspetto. Il motivo per il quale Goethe vi faceva riferimento era proprio questo: esistevano in natura forme viventi che avevano trasformato strutture anatomiche in altre. Era possibile dunque che dietro quelle modificazioni si celassero i meccanismi che permettevano alla foglia di originare le altre parti della pianta? Il suo interrogativo rimase senza soluzione e oggi sappiamo che, sebbene molte delle osservazioni di Goethe siano ammirevoli, il mondo vegetale presenta rimaneggiamenti più vari e complessi del semplice trasformarsi di foglie in altro. Tuttavia, il suo interesse per i mostri era ben indovinato. Tra questi organismi difformi si presenta infatti una piccola piantina, tenera e dai fiori piccoli e colorati, descritta per la prima volta da Linneo. Si chiama *Peloria* e aveva creato già in quegli anni un grande scompiglio, ancor prima che chiunque potesse conoscere gli stravolgimenti che avrebbe causato un giorno all'interno di quella scienza tutta da venire che chiamiamo *genetica*. Goethe non aveva risolto il mistero delle piante, ma la sua mente aperta e curiosa gli aveva permesso di intuire quanto d'interessante la scienza del momento aveva da offrire: i mostri e le loro novità.

2.

Il Linneo che aveva descritto la Peloria (e che Goethe teneva in alta considerazione nei giorni in cui si trovava a Palermo) era un convinto *fissista*. Vedeva gli organismi come la gran parte dei suoi contemporanei: creati da Dio o da un atto creativo, e tal rimasti da allora senza modificazione alcuna. Scriveva: «Queste forme hanno, secondo le leggi intrinseche della creazione, sempre prodotto una progenie simile a sé stesse, cosicché non troviamo ora più specie di quante ne siano esistite in precedenza».

Non troviamo ora più specie di quante ne siano esistite in precedenza. Era questo l'assioma teologico – e all'epoca anche scientifico – che il mondo vegetale stava per mettere in crisi.

Nell'estate del 1742, lo studente svedese Magnus Ziöberg visitò Roslagen, un tratto di costa a nord di Stoccolma. Nell'occasione trovò una pianta che non seppe catalogare. Al suo ritorno la consegnò al famoso professore di Uppsala, Olof Celsius, il quale non riuscendo a risolvere neanch'egli il rebus della sua identificazione, la diede a sua volta a Linneo. Questi pensò che la pianta fosse uno scherzo. Era come se qualcuno avesse incollato i fiori di una varietà esotica sopra una piantina di *Linaria*, una specie presente nei prati di varie zone d'Europa, comprese le coste di Roslagen. Ma esaminando meglio quei fiori si rese conto che presentavano una struttura mai vista prima. Nel 1744, scrisse una dissertazione sul nuovo organismo. Scorrendo il testo – lo si trova ancora oggi in archivio nella sua versione originale scritta il latino – un accorto lettore poteva cogliere l'argomento chiave di Linneo: non era la descrizione dei fiori in sé la novità, quanto le consistenti conseguenze che quell'organismo vegetale imponeva all'intero sistema della natura.

Nella sua dissertazione, Linneo citava il naturalista svedese Abraham Trembley che quattro anni prima aveva raccontato l'esperimento condotto su un piccolo invertebrato chiamato *Hydra*: tagliando un individuo vivo in più parti, le stesse generavano nuovi soggetti perfettamente sani e in grado di accrescersi autonomamente. Questa scoperta aveva scosso le scienze naturali dimostrando che gli organismi viventi non sono regolati dalle sole leggi meccaniche proprie del mondo della Fisica, ma hanno anche proprietà peculiari.

Forte di questo precedente, Linneo trovava il coraggio di annunciare la sua scoperta: «Non c'è nulla di più fantastico di ciò che si è verificato, ovvero che una progenie malformata di una pianta che in precedenza ha sempre prodotto fiori irregolari ora ha prodotto fiori regolari. Come risultato di ciò, essa non solo si discosta dal suo genere originario, ma persino dall'intera classe di appartenenza e quindi è un esempio di qualcosa che non ha eguali in botanica, tanto che a causa della differenza dei fiori nessuno può più riconoscere la pianta».

Si era in effetti persuaso che la *Peloria* fosse il risultato di un incrocio tra la *Linaria* e un'altra specie. Il che implicava conseguenze sconcertanti. All'epoca, infatti, si sapeva che incrociando organismi di tipo diverso si potevano generare soggetti dai tratti intermedi. Nessuno però aveva mai visto emergere da simili incroci una specie nuova, in grado di riprodursi autonomamente. Linneo commentava dunque: «Se si potesse stabilire con certezza che la Peloria è un'erba ibrida che trae la sua origine dalla Linaria e da un'altra pianta, allora emergerebbe una nuova verità all'interno del regno vegetale». Ciò – continuava Linneo – era un fenomeno di straordinaria importanza, che mai si era osservato neanche nel regno animale, poiché «in quest'ultimo la prole ibrida non ha la capacità di riprodursi, come i muli e i bardotti, e altri animali simili». Che la Peloria si riproduca risultava evidente dal fatto che «ha semi completamente sviluppati e che si accresce abbondantemente nel suo habitat». Ma se la Linaria poteva generare figli ne conseguiva «una conclusione fantastica: cioè che può accadere che nuove specie nascano all'interno del regno vegetale».

L'idea che le specie animali e vegetali fossero state create da Dio e tali fossero rimaste – fisse e immutabili – nei secoli dei secoli, veniva ribaltata da questa piccola pianticella stravagante. Una eccezione. Un discostamento dall'uniformità, dalla regola. Linneo la chiamò appunto «peloria», che in greco significa mostro, ma anche prodigio.

La novità generò una certa inquietudine per via delle possibili conseguenze teologiche. Su tali ansie, il 4 febbraio del 1745 ricevette una missiva da Johan Browall, vecchio conoscente di Linneo, teologo e professore di fisica, rettore della cattedrale e vice-cancelliere dell'Università: «Vedo che la tua Peloria ha creato un certo allarme; ma non credo che ci si debba preoccupare più di tanto, poiché, anche se essa sovverte alcuni principi assunti per la classificazione dei generi, non è altro che questo; e suppongo che tu stesso non abbia mai creduto diversamente, ovvero che, essendo i generi opere umane, un essere umano possa sbagliarsi a loro riguardo. Almeno, si dovrebbe evitare la pericolosa affermazione secondo cui queste specie sarebbero state stabilite dalla creazione».

Con la scusa di riassumere il senso della scoperta, Browall suggeriva in realtà i limiti oltre cui la cosa non doveva andare: la nuova pianta creava una contraddizione nel sistema di classificazione dei generi inventato dall'uomo e in ciò non c'era nulla di scandaloso poiché le opere umane sono sempre passibili d'errore. Su questo si potevano dormire sogni tranquilli, forti del placet metodologico già annunciato da quel Newton patriarca indiscusso della *scienza dei fatti* e scopritore della legge di gravità universale che Browall citava nella sua lettera riportandone le parole: «Contro le verità dell'esperienza universale riguardo alla costante stabilità, non devono essere ammesse obiezioni, a meno che non siano tratte dall'esperienza stessa».

La tradizione scientifica permetteva dunque a Linneo di affermare che il metodo classificatorio dei generi mostrava limiti denunciati dall'esperienza: la scoperta della Peloria. Ciò che non si doveva dire era invece il contrario: che il metodo classificatorio andava benissimo e che proprio la sua applicazione dimostrava che una nuova specie si era generata dal nulla. Questa sarebbe stata ben altra affermazione, foriera di ben altre pericolose conseguenze!

Linneo non restò indifferente ai consigli di Browall. Non insistette oltre sugli argomenti anti-creazionisti della sua scoperta. Nel 1749, il rebus è ancora aperto. Nella raccolta di dissertazioni di laurea dei suoi studenti all'interno del volume *Amoenitates academicae* esso non ha trovato ancora soluzione: *Quaenam mutatae in Peloriam Linariae causa sit, nos adhuc fugit*, «La causa della trasformazione della Linaria in Peloria ci è ancora ignota», scriveva.

Nel corso del Novecento, quando la genetica farà il suo ingresso nel mondo biologico, il celebre botanico Hugo De Vries diede risposta alla domanda di Linneo rimasta aperta. Conducendo una serie di studi pionieristici di fortissimo valore, mise a punto il concetto ancora oggi noto di *mutazione genetica*: nel passare da una generazione all'altra, il materiale ereditario può subire mutazioni che, come conseguenza, producono un cambiamento nei soggetti che ne sono portatori.

Un caso esemplare di simili mutazioni fu studiato da Thomas Hunt Morgan, premio Nobel nel 1933, che ebbe modo di dimostrare come l'improvvisa insorgenza di individui dagli occhi rossi tra i moscerini della frutta fosse dovuta proprio a una mutazione.

De Vries spiegò così la genesi della Peloria. A suo avviso si trattava anche in questo caso di una mutazione genetica. Linneo del resto, ai suoi tempi, non poteva sapere nulla di geni, cromosomi e mutazioni. Prima che la censura lo portasse a toni più sfumati, la sua ipotesi era stata che la piantina nascesse da un incrocio, che essa fosse dunque una nuova specie. Si sbagliava. Ma si sbagliava anche De Vries, come vedremo nelle prossime pagine c'era ancora molto da imparare da quella piccola e tenera piantina chiamata mostro. O forse, sarebbe meglio dire, prodigio.

3.

Come immaginiamo la genetica oggi? Più o meno come ce l'hanno raccontata Watson e Crick, i due studiosi che nel 1953 scoprirono la struttura molecolare a doppia elica del DNA. Avvalendosi dei propri modelli teorici e di una immagine a raggi X sottratta di nascosto alla collega Rosalind Franklin, i due biochimici spiegarono come l'informazione genetica viene mantenuta all'interno degli organismi. Ogni filamento di DNA presenta un codice composto da parole di tre lettere. L'insieme di queste parole si combina in modo vario formando i *geni*.

I geni, dunque, possono essere immaginati come *frasi* che il linguaggio genetico adopera per comunicare le informazioni di cui è portatore. All'interno della cellula, alcuni organuli specifici sono in grado di leggere queste frasi e costruire le corrispondenti proteine. Queste ultime sono i mattoncini che contribuiscono alla struttura di tutte le parti degli organismi (cellule, tessuti, organi) oltre a formare gli enzimi che regolano l'intero metabolismo di ogni essere vivente.

Il modello proposto da Watson e Crick nel 1953, contribuì a rafforzare la convinzione – già espressa dagli studiosi americani Beadle e Tatum – secondo cui *a ogni gene corrisponde un'unica proteina*. Si creò ovvero l'idea che il DNA fosse un codice scritto, una sorta di libro nel quale a ogni parola corrisponde un significato. Il DNA, insomma, andava visto come una ricetta leggendo la quale si trovavano gli ingredienti necessari a dare il prodotto corrispondente.

L'immagine del DNA come libro suscitò una certa frenesia in società continuata nel corso di tutto il Novecento, non a caso chiamato *il secolo del gene* dalla studiosa americana Evelyn Fox Keller.

L'immaginario collettivo cominciò a coniare espressioni come il «gene dell'altruismo», il «gene dell'intelligenza», il «gene della socialità», per non parlare di tutto il prontuario da rotocalco: il gene del cuoco, del tennis, del musicista e persino del latin lover. Al momento, alla conta mancano solo il gene dell'influencer, del terrapiattista e del complottista vittimista.

Si è così rafforzata l'idea secondo la quale *gran parte di quello che sono e fanno gli organismi viventi (noi compresi) dipenda dall'informazione genetica.* Non molti oggi, nel fondo del proprio cuore, dubitano del fatto che – per quanto l'ambiente e l'educazione possano intervenire – il nucleo delle qualità e delle caratteristiche di un individuo sia determinato da ciò che porta nei cromosomi. In gergo scientifico questa affermazione equivale a dire che il fenotipo di un soggetto (l'insieme delle sue caratteristiche fisiche, fisiologiche e comportamentali) dipende dal genotipo (l'informazione genetica di cui è portatore). Secondo questo immaginario, l'ipotesi di Beadle e Tatum verrebbe riformulata così: «ogni genotipo genera un solo fenotipo».

In questo modo di vedere le cose c'è però un problema. Anzi, ve ne sono diversi. Mentre nel corso degli anni la metafora del DNA-ricetta si gonfiava a dismisura segnando l'immaginario scientifico veicolato da film, libri, giornali e chi ne ha più ne metta, gli scienziati scoprivano invece alcune novità importanti che tuttavia – data la loro complessità – non sono ancora riuscite ad accendere la fantasia collettiva, a entrare nel modo comune di pensare la relazione tra genetica e soggetto. Come risultato, l'immaginario genetico presente in società risente ancora di alcune immagini un po' vetuste, superate.

In effetti, quando lo studio del DNA fece il suo ingresso nella storia della scienza, ebbe il pregio di confutare definitivamente quel *fissismo* di cui si è parlato facendo riferimento alla Peloria di Linneo. L'idea che le specie rimanessero identiche dalla creazione alla fine dei giorni non era più sostenibile non solo in chiave teorica e naturalistica, ma anche sul piano molecolare, biochimico. La cosiddetta *sintesi moderna* del pensiero evoluzionistico fu infatti in grado di conciliare la teoria dei geni con le idee trasformiste culminate nella teoria dell'evoluzione per selezione naturale di Darwin: le mutazioni genetiche rendono i nascituri leggermente diversi tra loro e la selezione naturale avvantaggia quelli che hanno le variazioni più convenienti per sopravvivere nell'ambiente circostante. Questo, in breve, fu il modello proposto dalla sintesi moderna.

Tuttavia – e potremmo dire anche, paradossalmente – nel corso del Novecento, questa confutazione del fissismo anti-evoluzionista ha portato a una nuova forma di rigidità del pensiero: ha creato un nuovo determinismo nel quale non è più l'atto creativo a stabilire come devono essere le cose, bensì il gene. In breve, secondo questo pensiero fissista – noto come *determinismo genetico* – tra il genotipo (informazione) e il fenotipo (organismo) non vi sono gradi di autonomia: se si ha un gene, si deve avere per forza una e una sola proteina.

4.

Il determinismo genetico ha influenzato a lungo il pensiero biologico. In tempi a noi più vicini, tuttavia, i genetisti hanno scoperto che non tutta l'informazione che sovraintende alla struttura dell'organismo è contenuta nel DNA.

Ognuno di noi possiede cellule con organizzazione decisamente differente. Le nostre cellule epatiche hanno forma e funzioni diverse dai nostri neuroni, che a loro volta non sono molto simili alle cellule che compongono la nostra pelle, l'iride o il sangue. Ognuna di queste tipologie cellulari è differente, ma il DNA che possiede è invece lo stesso. Com'è possibile, dunque, che lo stesso DNA dia luogo a fenotipi così dissimili?

La ragione sta soprattutto nel fatto che i geni possono essere accesi o spenti. Un filamento genetico può essere visto come una catena di lampadine. Ogni tipo di cellula tiene accese alcune lampadine e ne spegne delle altre. In altri termini, i *geni attivi* cambiano in base alla tipologia cellulare. Da cui sorge una domanda: chi determina quali geni devono rimanere accesi? Qualunque elemento esterno o parte della cellula sia preposta a questo compito detiene una sorta di *informazione aggiuntiva* in grado di alterare il messaggio contenuto nel DNA.

L'idea che dovesse esistere un qualche meccanismo regolativo fu proposta nel 1975 da Robin Holliday e John Pugh, in Inghilterra, e Arthur Riggs, in America. Come sappiamo oggi, esistono in effetti diversi meccanismi per *silenziare i geni* o – continuando con la metafora delle luci – per spegnere le lampadine. L'attività di un gene, per esempio, può essere influenzata dalla presenza di molecole chimiche (chiamate *metili*) che si legano a tratti specifici del DNA impedendo a quelle porzioni di trascrivere normalmente le proteine.

Simili processi vengono detti *epigenetici* in quanto agiscono sul gene senza farne intimamente parte. Come spiegano Eva Jablonka e Marion Lamb, due genetiste che hanno dedicato gran parte delle proprie ricerche a questi aspetti, i geni si accendono e spengono in alcune fasi critiche dello sviluppo, durante la formazione dei tessuti e degli organi. Una volta stabilita una certa configurazione di attivazioni, la stessa viene bloccata e lo schema sarà trasmesso alle cellule figlie. In questo modo, le cellule madri producono altre cellule che hanno i medesimi geni attivati.

L'epigenetica costituisce oggi uno dei campi più floridi e importanti delle scienze biologiche. Anche per ragioni pratiche. Alcune malattie ereditarie, per esempio, sembrano essere causate da schemi di attivazione particolari piuttosto che da mutazioni genetiche. E tuttavia la portata rivoluzionaria dei fenomeni epigenetici non ha avuto ancora eco in società, non ha trovato una narrazione in grado di dare a questi preziosi risvolti dei meccanismi viventi un uso comune nel linguaggio di tutti i giorni. Ciò di certo è dovuto alla natura stessa dei concetti, ma anche ad alcuni punti critici su cui la comunità dei biologi è ancora in disaccordo. Mentre la struttura del codice genetico venne presto accettata da tutti gli studiosi e il Nobel a Watson e Crick fu un ottimo trampolino di lancio verso l'immaginario collettivo, alcune idee di stampo epigenetico sono ancora in corso di dibattito e dunque lontane dall'avere quel riconoscimento plebiscitario che rende collettivo lo sforzo di trasferirle nell'immaginario che la società costruisce attorno alla scienza.

In effetti, mentre i biologi concordano sul fatto che esista una parte d'informazione non strettamente genetica che viene trasmessa da una cellula alle proprie figlie, alcuni non sono dell'idea che si possa avere un simile trasferimento alla prole quando di mezzo c'è la riproduzione sessuale. In altri termini, è facile immaginare che nel momento in cui una cellula si divide in due (è così che le cellule del nostro corpo si moltiplicano) le sostanze in grado di silenziare i geni possano passare alle cellule figlie insieme agli altri organuli e liquidi citoplasmatici che si trovano all'interno della cellula madre; più difficile è invece credere che delle informazioni sullo stato di accensione e spegnimento dei geni possano essere trasmesse durante la riproduzione sessuale. E questo perché, mentre una cellula somatica per riprodursi deve giusto dividersi in due e generare altre cellule simili a sé stessa, le *cellule sessuali* (uova e spermatozoi) hanno un compito più impegnativo: devono dare luogo a un'unica cellula iniziale – lo zigote – da cui si origineranno tutte le diverse tipologie di cellule del nascituro. Ciò implica una sorta di *reset*, di azzeramento, che rende il DNA dello zigote totipotente, pronto ad attivare qualunque gene per dar luogo a tutta la fisarmonica di tessuti e proteine che si renderà necessaria. Stando a questo scenario sembrerebbe dunque impossibile che dei condizionamenti epigenetici siano trasmessi da una generazione all'altra quando di mezzo vi è la riproduzione sessuale.

Questa obiezione ha le sue buone ragioni e nessuno l'avrebbe mai scalfita se non fosse stato per la piccola piantina che abbiamo conosciuto grazie alle opere di Goethe e di Linneo. Enrico Coen, fellow della Royal Society e botanico di grande talento, ha scoperto due verità che riaprono *il caso Peloria*. La prima è che questa non è dovuta a una mutazione, così come pensava De Vries. La seconda è che non si tratta di una nuova specie, come credeva Linneo. Il caso volle che Linneo affermasse una verità: le specie in effetti si evolvono ed è perfettamente possibile che ne sorgano di nuove. Ma non è la povera Peloria a dimostrare tutto ciò.

Il gruppo di ricerca di Coen ha infatti dimostrato che la Linaria e la Peloria hanno lo stesso materiale genetico, ma presentano due configurazioni epigenetiche diverse: ciò che cambia tra loro è dunque lo schema che determina l'accensione e lo spegnimento dei geni. In breve, hanno una difformità epigenetica. I gruppi chimici chiamati metili che alterano il funzionamento dei loro geni sono presenti in modo differente.

Tutto ciò modifica il funzionamento del loro DNA ma non la struttura del DNA stesso. È come se una persona portasse un cappello. Che lo abbia o meno cambia l'aspetto, ma non cambia la persona.

Ne consegue che Peloria e Linaria non sono due specie diverse, ma la stessa specie che esiste in forme epigenetiche diverse, in grado di riprodursi indipendentemente tramandando ognuna ai propri figli l'assetto epigenetico di attivazioni che rende così difforme il loro aspetto floreale.

Insomma, la cosa più interessante che la Peloria aveva da dire l'ha detta ai genetisti: i sistemi epigenetici possono essere trasmessi da una generazione all'altra, anche con riproduzione sessuale. E infatti ancora oggi, dopo circa due secoli, i campi di Roslagen presentano piante di Peloria, pronipoti di quelle che vivevano in quel luogo quando la fortuna volle che una di esse finisse tra le mani di Linneo. Peloria e Linaria sono in breve la stessa specie. Anche se si presentano all'aspetto in modo ben diverso, da milioni di generazioni. Ciò dimostra che organismi con caratteristiche diverse non differiscono necessariamente per via del loro DNA.

5.

Abbiamo visto che vi sono diverse informazioni di natura non strettamente genetica che possono essere trasmesse da una cellula all'altra e persino da un organismo intero alla sua prole. Ciò sollecita un ripensamento della visione monista e unicista secondo cui a un genotipo (corredo genetico) corrisponde un unico fenotipo (un certo individuo).

Cosa ne è dunque del vecchio assunto di Beadle e Tatum secondo cui a un gene corrisponde una proteina?

La genetica contemporanea ha smentito anch'esso. Quando si è cominciato a sequenziare il genoma umano per costruire la mappa della sua composizione, si stimava che esso dovesse contenere circa 100.000 geni. Nel corso del tempo però ci si rese conto che queste stime andavano ridimensionate. Via via che si andava avanti, di geni se ne trovavano pochi. «Boh, saranno tutti in fondo», si diceva. Ma più il fondo si avvicinava più l'idea che tutto si trovasse «là giù in basso» cominciava a suonare poco credibile. Alla fine, quando il 26 giugno del 2000, il presidente americano Bill Clinton tenne la conferenza stampa nel corso della quale i due principali laboratori implicati nel sequenziamento resero note le proprie ricerche, venne fuori che il genoma umano – ormai quasi del tutto analizzato – doveva contenere un numero massimo di geni compreso tra 30.000 e 40.000.

Le stime numeriche peraltro sono scese ulteriormente nel corso degli anni, via via che il sequenziamento andava verso la sua conclusione. Uno studio internazionale del 2023 intitolato *The Status of the Human Gene Catalogue* riporta numeri più ridotti: secondo queste stime aggiornate il genoma umano conta circa 19.000 geni.

La cosa non era di per sé scandalizzante. Come si dice, pochi ma buoni. Il numero tuttavia si mostra ben strano quando lo si confronta con quello delle proteine. Gli studiosi concordano infatti nel ritenere che il corpo umano sia in grado di sintetizzare tra 80.000 e 400.000 proteine diverse. Esiste dunque una forte discrepanza numerica tra geni e proteine.

Questo disaccordo era uno degli aspetti di cui era solito parlare Marcello Buiatti, genetista di talento e mio maestro insieme a Francesco Dessì negli anni in cui ero studente di Biologia a Firenze. L'interrogativo che quei dati richiamavano a gran voce era il seguente: se da un gene si genera solo una proteina, com'è possibile che noi abbiamo meno di 20.000 geni a fronte di 400.000 proteine?

O sono sbagliate le stime oppure è sbagliato il vecchio assunto di Beadle e Tatum *un gene-una proteina.*

La risposta è che è sbagliato l'assunto. E con esso l'idea che esista un'unica e prevedibile corrispondenza tra un gene e una proteina. Da un gene, infatti, possono derivare più proteine. Esiste una certa *ambiguità* del DNA, come usava dire Marcello.

Nel 1977, Louise T. Chow e i suoi colleghi del Cold Spring Harbor Laboratory pubblicarono un articolo pionieristico il cui titolo non passò inosservato: *Una sorprendente disposizione delle sequenze alle estremità 5' dell'RNA messaggero*. Senza bisogno di entrare nel dettaglio delle sensuali palpitazioni che una simile frase può suggerire alle orecchie di un biologo molecolare, ciò che l'articolo voleva dire è che l'informazione contenuta nei geni viene riorganizzata durante la sintesi proteica.

I geni – come si è scoperto – non sono disposti in modo continuo lungo il DNA, non formano un'unica frase, per così dire. Possono avere al loro interno parti che non codificano, da cui ovvero non verranno formate delle proteine. Immaginiamo per assurdo che esista un gene la cui sequenza sia AAA-GGG-CCC. Se la cellula leggesse questa informazione costruirebbe la proteina che qui, sempre ipoteticamente, potremmo chiamare *aaa-ggg-ccc*. A causa della sua discontinuità strutturale, il gene però si trova disposto secondo una sequenza frammentata. Per esempio potrebbe essere: AAA-spazio-GGG-spazio-CCC.

Nel momento in cui la cellula deve leggere le informazioni per costruire la proteina che deriva da questo ipotetico gene, si trova nella necessità di eliminare spazi. Il processo si chiama *splicing*, dalla parola inglese che significa «unire due parti».

La cellula diventa a questo punto piuttosto fantasiosa. Non unisce i pezzi necessariamente in modo lineare, ma crea collage diversi a partire dallo stesso gene. Nel nostro esempio, verrebbero fuori sequenze alternative del tipo AAA-GGG-CCC, AAA-CCC-GGG, GGG-AAA-CCC e via dicendo. Inoltre, la trascrizione può iniziare dalla prima sequenza o da una delle successive, così come può essere arrestata prima che l'intero gene sia stato percorso. Alle precedenti trascrizioni se ne aggiungono dunque altre dalle dimensioni ridotte. Stando ancora al nostro esempio, potrebbero essere AAA-GGG, oppure GGG-CCC.

Chi stabilisce quali sequenze costruire? Su questo gli studi sono ancora in corso e non si hanno risposte definitive. Appare chiaro però che tra il genotipo (geni) e il fenotipo (il corpo e il comportamento) esistono dei *gradi di libertà*, degli elementi che possono essere modulati. In tal senso, il nostro codice genetico non è un libro stampato che la cellula segue in modo pedissequo, parola per parola. È piuttosto una specie di canovaccio: contiene sì le indicazioni da seguire, ma la cellula può riorganizzare le parole di questo testo in modo vario.

L'impostazione unicista secondo la quale da un gene si ha una e una sola proteina, la stessa idea secondo cui da un genotipo si ha uno e un unico fenotipo, insomma la traduzione genetica del vecchio adagio «buon sangue non mente», mostra anche in questo contesto la sua inefficacia: da un gene si possono avere più proteine; da un genotipo si possono generare fenotipi differenti; da un preconcetto si possono generare molte finte tristi verità; ma, per fortuna, da una buona idea si possono generare molte belle nuove linee di ricerca.

6.

Bisogna evidenziare ancora un punto in cui si moltiplicano i gradi di libertà tra genotipo e fenotipo. Si trova in una zona molto peculiare dei processi biologici: quella posta tra geni e comportamento.

In anni non lontani da noi, ha preso corso l'idea che il cervello, essendo una struttura organica, fosse determinato dai geni. In fondo, se il colore degli occhi o della pelle è una questione ereditaria, se i tratti anatomici di un soggetto dipendono dal suo corredo genetico, perché non dovrebbe essere lo stesso per quel tessuto particolare che è il tessuto nervoso?

Dietro tale idea si sono addensati i più tristi malintesi. Un'antica metafora ha pensato il cervello come un contenitore che viene riempito dai processi educativi e dall'esperienza. Si diceva: «Il cervello è il contenitore ma ciò che conta sono gli stimoli ambientali a cui è sottoposto, le nozioni che lo riempiono».

Questa immagine rischia ancora oggi di legittimare un pericoloso fraintendimento: se il contenitore dipende dai geni, se la sua forma è conseguenza dell'assetto genetico, anche le possibilità di apprendimento appariranno essere geneticamente definite. Hai voglia di stare a leggere Kant o vedere film di Ėjzenštejn e Rossellini: se il tuo contenitore è più piccolo del mio ci entrerà sempre meno roba di quella che posso metterci io; se poi la sua conformazione non è quella ideale, la cultura vi entrerà meno facilmente. Insomma, ti ci vorrà più tempo per imparare e imparerai meno cose degli altri.

In effetti, la questione relativa alle relazioni tra geni e comportamento non è stata ancora definitivamente compresa. Nessuno al momento può dire con certezza come stiano le cose. Siamo ormai abituati a sentire ogni giorno notizie sensazionalistiche sulla presunta scoperta del gene dell'intelligenza, della bontà o di chicchessia. Simili scoperte si sono rivelate in tutti i casi specchietti per le allodole. Ognuno è in cerca di celebrità e di finanziamenti per le proprie ricerche, ma nessuno – alla prova dei fatti – è ancora riuscito a saltar fuori dal laboratorio sventolando tra le dita un gene al grido di «Eccolo! Eccolo! Com'è grazioso. Guarda, sbadiglia! È il gene della sonnolenza». Né roba del genere.

Ciò di cui siamo sicuri, invece, è che tra l'informazione genetica e il comportamento esistono ampi gradi di libertà, punti d'indipendenza. Tali ordini di autonomia aumentano salendo lungo l'albero tassonomico, passando ovvero dagli organismi più semplici a quelli più complessi.

Per capire le ragioni scientifiche che sottostanno a questa affermazione bisogna liberarsi di un'altra idea iconica ormai smentita. La si potrebbe riassumere con l'assioma annunciato da Jaques Monod: *ciò che vale per il batterio vale anche per l'elefante.*

Quando Monod pronunciò queste parole, vi era un forte bisogno di unificare il pensiero biologico. Bisognava liberare i processi vitali dall'idea che la mano di Dio potesse intervenire elargendo alle sue creature preferite un'anima, una coscienza e altri monili dell'araldica creazionista. Bisognava ovvero ricondurre l'uomo al contesto animale, alla sua dimensione materiale, sfatare ogni possibile reminiscenza spiritualista ancora aleggiante nelle spiegazioni sul funzionamento del vivente.

Oggi, a distanza di anni, quell'enunciato ha fatto il suo tempo. Siamo ormai consapevoli che, sebbene tutti gli organismi siano soggetti alle leggi naturali della vita, come ad esempio i processi evoluzionistici, i fattori che intervengono nei processi vitali possono avere assortimenti e intensità differenti in base alla complessità dell'organismo considerato, alla specie a cui appartiene.

Tornando alla questione del cervello e del suo possibile determinismo genetico, sempre più ci si rende conto di come sia irrealistica l'idea secondo cui nei geni sia contenuto l'esatto disegno del sistema nervoso del nascituro. Si tratta di un campo che ha avuto in anni recenti un impulso decisivo ma che affonda i propri esordi già nel secolo passato. Nel 1965, Emerson Hibbard – biologo del California Institute of Technology – pubblicò un lavoro in cui riportava i dati sperimentali ottenuti sul tessuto nervoso di salamandra durante lo sviluppo. Se si tagliavano dei tratti di tessuto e si riposizionavano nello stesso punto dopo averli girati, gli assoni delle cellule nervose di queste porzioni di tessuto continuavano a crescere come se nulla fosse stato fatto, sbagliando dunque direzione; poco dopo, tuttavia, invertivano il proprio corso cercando di ricongiungersi alle aree a cui erano originariamente destinati.

Questo esperimento rafforza l'idea che i geni non contengono l'esatto disegno di come sarà lo specifico cervello di un individuo. I geni di Einstein avevano le informazioni per fare un cervello umano, non per fare l'esatto cervello a cui Einstein diede forma nel corso della propria vita attraverso un'infinità di elementi.

In effetti, il cervello non è un contenitore rigido come voleva la vecchia *metafora del recipiente*. È invece una struttura plastica in grado di rimaneggiare di continuo le proprie reti: ne smonta alcune, ne monta altre, ne ripara altre ancora. Il tutto – certo – entro certi limiti, ma questi limiti sono straordinariamente più vasti di quanto non si credesse in passato e persistono – anche se in misura diversa – nel corso di tutta la vita.

Sono ormai celebri gli studi condotti da Eric Kandel negli anni Sessanta del Novecento sul tessuto nervoso del gasteropode marino *Aplysia* e la lunga linea di ricerca inaugurata allora che gli ha valso insieme ai colleghi Paul Greengard e Arvid Carlsson il premio Nobel per la medicina nel 2000. I loro studi hanno dimostrato che il tessuto nervoso subisce continui rimaneggiamenti necessari per ogni funzione, compresa la memoria. Un ricordo, in breve, altro non è che una nuova riorganizzazione funzionale.

Come sintetizzano in un articolo di qualche anno fa

Eberhard Fuchs e Gabriele Flügge, una serie di fattori come lo stress, gli ormoni, la stimolazione ambientale modificano le strutture e le funzioni neuronali. «I processi che questi fattori possono indurre sono alterazioni morfologiche delle aree cerebrali, cambiamenti nella morfologia dei neuroni, alterazioni della rete, compresi i cambiamenti nella connettività neuronale, la generazione di nuovi neuroni (neurogenesi) e cambiamenti neuro-biochimici.»

Un esempio di tali rimaneggiamenti plastici è offerto dal celebre studio sull'ippocampo dei tassisti di New York. L'ippocampo è una zona del cervello preposta alla gestione della memoria spaziale e dell'orientamento. Eleanor Maguire e colleghi hanno verificato un ampliamento di questa area in chi ne fa un uso particolarmente intenso, come capita appunto ai tassisti newyorkesi alle prese con strade, vicoli e rivoli di traffico urbano. Insomma, per diventare un tassista di talento non ti serve «il gene del taxi driver»: ti basta un po' di volontà, esercizio e cocciutaggine!

Torniamo dunque ai gradi di libertà tra genotipo e fenotipo. Come abbiamo visto, i geni contengono le indicazioni per realizzare il cervello, ma non stabiliscono a priori la specifica e immutabile forma che esso avrà. La forma finale inoltre non è statica ma viene rimaneggiata dai processi plastici a cui è sottoposto. Del resto, un neurone di per sé non esprime alcuna forma di intelligenza, ignora qualsivoglia vetta intellettuale. Sa fare solo due cose: mandare un impulso oppure no. Solo questo. Nient'altro. È l'interazione tra i neuroni, la costruzione delle reti neuronali appunto, che genera l'intelligenza e le altre proprietà cognitive. E poiché il cervello può rimaneggiare queste reti nel corso della vita, è chiaro che il cervello non è nei geni, ma nella vita stessa, nelle esperienze fatte ogni giorno. I geni e i neuroni sono solo le parti e, come recita un vecchio adagio scientifico, *il tutto è più delle parti.*

7.

Parlare delle molteplici vie della cultura riporta alla mente Goethe e le sue inquietudini. Il suo sentirsi doppio, tirato tra gli obblighi del lavoro e le passioni che animavano il suo cuore. Da una parte le lettere, la formazione umanista, la disciplina delle carte a cui la notorietà di scrittore lo obbligava; dall'altra quelle fascinazioni che visitavano i suoi pensieri, quei piccoli gesti con cui imitava i modi dello scienziato: appunti, esperimenti, piantine nascoste tra i fogli dei taccuini.

Si sentiva in imbarazzo. Il 17 aprile del 1787, come abbiamo visto, prendeva nota di quel senso di disagio: «Perché siamo sempre tanto allettati da cose nuove, tormentati da desideri che non riusciamo a soddisfare?».

Tra i *desideri* c'erano pure gli interessi scientifici, la voglia di darsi a studi che lo affascinavano da anni: la botanica, certo, ma anche la geologia, l'ottica, l'anatomia e altri ancora. Aveva senso dedicarsi a *divagazioni* del genere? Non si trattava forse di un mondo troppo complesso, troppo vasto, troppo lontano dal suo? Non si rendeva ridicolo – a sé stesso ancor prima che agli altri – addentrandosi in discipline per le quali non aveva alcun titolo, alcuna legittimità?

Goethe era consapevole del suo ruolo da dilettante su quei temi e metteva le mani avanti parlando dei suoi esperimenti: «I botanici professionisti penseranno senz'altro che sono molto ingenuo». Ma al tempo stesso non riusciva a resistere. «Nel giardino botanico vicino alla marina ho passato ore di quiete soavissima», scriveva. «È il luogo più stupendo del mondo. Nonostante la regolarità del suo disegno, ha un che di fatato; risale a pochi anni or sono, ma ci trasporta in tempi remoti. Vi si scorgono piante esotiche, circondate da siepi verdeggianti, viali di aranci, di agrumi ripiegati a foggia di volta, pareti di leandri, tempestate dei fiori rossi di quelli. E un vero incanto per l'occhio.»

Non era solo una questione di piante. Si trattava appunto della sua passione per la scienza e, tenendo conto della scarsa incisività dei suoi studi in quegli ambiti, ci sarebbe da sentenziare che furono ore perse. Volgendo l'occhio alla certo non primaria posizione che occupa Goethe tra gli scienziati, si direbbe che quel tempo passato a osservare esemplari botanici e altri risvolti del mondo fisico fu un vuoto a perdere.

E, tuttavia, c'è pure un'altra ipotesi: se Goethe non avesse ceduto a quelle passioni scientifiche del suo spirito forse non avrebbe scritto il *Faust*, il capolavoro ancora oggi rappresentato in tutto il mondo. Proprio la tensione dello scibile scientifico costituisce uno dei colori fondanti di quell'opera. Se non avesse concesso fiducia alla vivacità traboccante della sua mente, le opere che ci ha lasciato non avrebbero avuto il fascino che hanno.

Forse. Chi può dirlo. Ma del resto, cosa importa? Non importa affatto. La verità è semplicemente che se Goethe non avesse ceduto alla tentazione dei suoi desideri, se si fosse attenuto alla regola del si fa soltanto una cosa avrebbe di certo sottratto molta gioia alla sua vita e al nostro piacere di parlarne. Quel girovagare tra curiosità, quel passeggiare tra mondi, quel darsi a divertimenti da *flâneur* fu il grande regalo che fece a sé stesso e anche a noi – eterni dilettanti della felicità – che abbiamo ancora nel cuore la tentazione di una vita diversa, sognata e quasi inconfessabile.

Freud, Jung e la molteplicità dell'anima

1.

Discutendo i tanti contesti in cui la molteplicità sembra operare, i prossimi capitoli si addentreranno in aspetti naturalistici, genetici, biologici, fisici e temporali. Qui, per questo inizio dedicato alla molteplicità dell'anima, vorrei cominciare invece con tre sogni.

Il primo si trova nel *Così parlò Zarathustra*, il capolavoro di Friedrich Nietzsche.

Un mattino, Zarathustra si svegliò prima dell'aurora e rimase a lungo a pensare a letto. Alla fine disse al suo cuore: «Perché mi sono talmente spaventato in sogno da svegliarmi? Non mi si è forse avvicinato un fanciullo che portava uno specchio? "Oh Zarathustra – mi ha detto il fanciullo – guardati nello specchio!" Ma appena guardai mi ritrovai a gridare, e il mio cuore era sconvolto: perché in esso non vidi me stesso, bensì il ghigno deforme di un demonio».

Il sogno di Zarathustra richiama una delle miniature

in oro e turchese che appare in un volume anonimo del XV secolo intitolato *Heures à l'usage de Rouen*. Tra le sue pagine emerge una sirena di bell'aspetto, con la coda lunga dietro di sé e i capelli biondi che le scendono sulle spalle. Tiene in una mano un pettine e nell'altra uno specchio da toilette. Anche in quel caso, l'immagine sullo specchio è deforme: la sirena appare mostruosa.

Il secondo sogno che vorrei menzionare è più lieto ed è tratto dalle *Mille e una notte*. Parla di una persona caduta in disgrazia che sognò un uomo che si toglieva dalla bocca una moneta d'oro e gli diceva: «La tua fortuna è in Persia, a Isfahan; va' a cercarla». Cosa accadde in seguito, lo scopriremo presto.

Il terzo sogno non è proprio un sogno. È un mito. Ma i miti in fondo sono i *sogni delle epoche*. Riguarda Eracle. Anzi, la donna che lo ha reso immortale: Era.

Igino scrive che tra le stelle si vede una fascia di colore bianco che alcuni chiamarono «lattea». La divina Era, moglie di Zeus, allattò Eracle senza saperlo. Mentre lei dormiva, qualcuno le accostò il piccolo al seno. La dea si destò all'improvviso. Trovandosi al seno quel piccolo a lei sconosciuto ebbe l'istinto di allontanarlo. Nella rapidità del gesto, un po' del suo latte uscì dal seno e ancora oggi il suo chiarore compare tra le stelle.

L'episodio viene raccontato anche da Eratostene. Scrivendo dell'origine delle costellazioni e della disposizione delle stelle, lo scienziato e filosofo greco racconta che «fra i cerchi visibili si trova questo che ha il nome di via lattea, galassia. Non era possibile infatti ai figli concepiti da Zeus avere parte agli onori del cielo, se non avevano succhiato il seno di Era. Per questo si narra che Ermes trasportò Eracle sull'Olimpo dopo la sua nascita. Lo attaccò al seno di Era e quello succhiò. Quando se ne accorse, la dea lo respinse e il latte in più, versato in questo modo, costituì la via lattea».

È affascinante questo mito. Eracle era figlio del padre degli dei, Zeus *Horkios*, custode dei giuramenti, Zeus altissimo, *Hypsistos*. Diodoro Siculo, nel libro nono della sua *Biblioteca storica*, aggiunge che Era allattò Eracle in seguito a un inganno del marito. Apollodoro ne riporta i retroscena: Zeus si era invaghito di Alcmena, ragazza bellissima e moglie di Anfitrione; il dio assunse allora l'aspetto del legittimo consorte e raggiunse Alcmena di sera, presso la sua casa; poi, affinché il loro amore fosse più lungo, fece sì che la notte durasse tre volte di più.

Alcmena generò dunque Eracle. Zeus si rattristò all'idea che, in quanto partorito da una donna umana, fosse un giorno destinato a morire. Concepì allora il suo piano: farlo allattare da Era senza che lei lo sapesse. Il latte della dea lo avrebbe reso immortale.

Così, mentre i risvolti di questa vicenda si allungavano in cielo creando la Via Lattea, il piccolo ebbe il nome di Eracle, che paradossalmente significa *gloria di Era*.

2.

Sul perché di questi tre sogni tornerò più avanti. Non che voglia addentrarmi nel loro significato, poiché i sogni non hanno un significato, semmai hanno una immagine. Essi però mi pare accompagnino bene il discorso sulla *molteplicità dell'anima* che è oggetto di questo capitolo.

Per iniziare è necessario darsi ad alcune precisazioni preparatorie, la prima delle quali può farsi risalire a una lettera che lo psicanalista svizzero Carl Gustav Jung mandò a Sigmund Freud, l'8 novembre 1909.

La lettera presagiva l'irreversibile diverbio che si sarebbe acceso tra i due studiosi e che Jung, anni dopo, imputò loro discorde interesse per la filosofia.

Ne riferì in una conferenza poi pubblicata nel volume *The Spirit in Man, Art and Literature.* «Nel corso dell'amicizia personale che mi ha legato a Freud» raccontava «per molti anni, mi è stato concesso un profondo sguardo nella mente di quest'uomo straordinario. Era un uomo posseduto da un demone, un uomo che aveva ricevuto una rivelazione travolgente che si era impossessata della sua anima e non l'aveva più lasciato andare. Fu l'incontro con le idee di Charcot a risvegliare in lui quell'immagine primordiale di un'anima in preda a un demone, e ad accendere quella passione per la conoscenza che avrebbe dischiuso ai suoi occhi un oscuro continente».

In quella conferenza, Jung sosteneva che Freud – lavorando sui sogni – salvò qualcosa di estremamente prezioso che sembrava irrimediabilmente sprofondato nell'oblio: «Ciò che più impressionava noi giovani psichiatri non era né la tecnica né la teoria, ma il fatto che qualcuno avesse osato indagare sui sogni. Questa linea di indagine aprì la strada alla comprensione delle allucinazioni e dei deliri schizofrenici dall'interno, mentre fino a quel momento gli psichiatri erano stati in grado di descriverli solo dall'esterno. Ma soprattutto, *L'interpretazione dei sogni* fornì una chiave per aprire molte porte chiuse nella psicologia dei nevrotici e delle persone normali».

Freud lavorò sui processi di rimozione causati dai divieti e dalle proibizioni che ostacolano i desideri socialmente sconvenienti. Così bloccati, i desideri vengono trasferiti dal mondo della veglia e della coscienza al mondo dei sogni e dell'inconsapevolezza: quella parte dello spirito umano che fu definita *inconscio*.

Freud scoprì inoltre che i fattori traumatici venivano spostati nell'inconscio a causa della loro dolorosità. Un dolore impregnato, sin dall'infanzia, dalle esperienze sessuali del soggetto. Avvalendosi del materiale clinico, pervenne anche all'idea che i sogni sono desideri dissimulati, aspirazioni che non possono essere attuate nella vita reale e che dunque vengono rimosse dal soggetto. Precipitano così nel baratro dell'inconsapevolezza e diventano la causa delle nevrosi. Riemergono poi nei sogni, dove – almeno nella finzione onirica – reclamano protagonismo, un luccichio per sé, vogliono conto e ragione.

Pur nella stima per l'uomo straordinario e nel ricordo di quegli anni passati insieme, Jung non si riconosceva appieno nella cornice teoretica di Freud. A lui non pareva che l'inconscio fosse semplicemente il luogo delle rimozioni di natura sessuale, né che i sogni fossero desideri camuffati. Se davvero Freud non si sbagliava nell'attribuire alla materia onirica le forme di un carrozzone che dispensa desideri imbellettati e rimozioni in guisa di rebus, allora un paziente che grazie alla terapia riuscisse a liberarsi da ogni trauma dovrebbe smettere di sognare. Fu Freud stesso a esplicitare il dettaglio: «Mi chiedo solo cosa faranno i nevrotici in futuro quando tutti i loro simboli saranno stati smascherati. Sarà allora impossibile avere una nevrosi».

Sono queste le ragioni per le quali Jung giudicava che i sogni siano carichi di un materiale psichico che va al di là delle sole rimozioni causate dai traumi. L'inconscio non è una prigione di desideri infranti, voglie smarrite e istinti tramortiti. Al contrario, in esso prende movimento una molteplicità d'immagini che raccontano vite possibili. Nel farne il luogo delle rimozioni, Freud aveva dato battaglia alle censure del secolo che lo aveva preceduto, tra cui ovviamente la negazione della sessualità tipica dell'era vittoriana. Non fu faccenda di poco conto. In ciò risiede ancora oggi uno dei suoi meriti. Ma una «teoria psicologica che pretenda di essere universale» – scriveva Jung – «non dovrebbe basarsi sulle aberrazioni del XIX secolo. Una teoria della nevrosi deve essere capace di spiegare anche l'isteria tra i Maori». In un certo senso, l'ammanco di Freud era questo: perdere la componente immaginifica dell'inconscio, tralasciare quella certa filosofia dell'anima necessaria a cogliere le preziose trame dell'inconscio. Jung, con quella sua tendenza a farsi dimentico di ogni garbo da circostanza quando c'era da mostrare qualche verità, ebbe a scrivere: «In filosofia, Freud mancava persino degli elementi più rudimentali di educazione. Una volta mi assicurò personalmente che non gli era mai venuto in mente di leggere Nietzsche. Questo fatto è importante per comprendere le peculiarità delle sue opinioni, che si distinguono per l'apparente totale assenza di qualsiasi premessa filosofica».

Del resto, gli interessi di Freud si erano mossi in un'altra direzione. Col suo visionario lavoro si era consacrato a un diverso e prezioso compito storico. Un compito – concludeva Jung – che è stato portato a termine, che ha richiesto il lavoro di un'intera vita e «che merita pienamente la fama che ha ottenuto».

3.

Davvero Freud si era disinteressato alla filosofia? E se sì, ciò aveva ripercussioni sul valore che i sogni hanno nelle nostre vite?

Come rammenta in un articolo l'abile psicanalista Paolo Carignani, Freud lasciò Vienna in tutta fretta, all'inizio del 1938, trascinato quasi a forza dal suo collega e amico Ernest Jones, insieme alla moglie e alla figlia Anna. Nel trambusto di quei trasferimenti sbrigativi si trovò costretto a sostare a Parigi a casa di Marie Bonaparte, sua paziente e allieva. L'indomani giunse a Londra dove, poco dopo, iniziò la stesura del *Compendio di psicoanalisi*.

In quei giorni, annotava una riflessione attorno all'*a priori* kantiano di cui discuterà a più riprese in uno scambio di lettere con Marie Bonaparte, impegnata in quel periodo a redigere il suo intervento per il XV Congresso Internazionale di Psicoanalisi.

Senza entrare nei dettagli di queste considerazioni, il carteggio con la Bonaparte testimonia gli interessi per la filosofia che Freud seguì fino agli ultimi giorni della sua vita, quelli che appunto visse a Londra dopo la fuga da Vienna. Ma evidentemente, Jung giudicava ancillari questi interessi. O forse, con più probabilità, li giudicava volti a una filosofia diversa da quella che a suo avviso occorreva usare per poter avere una comprensione immaginifica dell'inconscio. Bisognava avvalersi di una filosofia attenta all'anima, una filosofia che avesse confidenza col portato mitico e simbolico che costituisce il linguaggio dei sogni.

Del resto, nei mesi in cui Freud discuteva di a priori con Marie Bonaparte, i due ex amici avevano smesso di parlarsi già da venticinque anni. La situazione era precipitata una mattina del 1914. Jung era salito sul podio del Congresso della Società psicanalitica internazionale e aveva comunicato la sua ferma intenzione di uscire dalla società presentando irreversibili dimissioni dal suo ruolo di presidente, incarico che Freud stesso gli aveva conferito.

Freud, che per anni aveva considerato Jung il suo erede naturale, restò profondamente deluso. Jung, che a lungo aveva sentito il peso censorio di Freud sulle sue ipotesi relative all'inconscio, si sentì finalmente libero.

Ma di certo quel gesto richiese determinazione. Molta determinazione. Una spinta la cui inerzia non cessò mai di ripercuotersi sulla vita di Jung. Con le sue dimissioni, infatti, egli non perdeva solo la stima del grande animatore della psicanalisi; si condannava anche alla solitudine, a continuare il proprio cammino di ricerca senza la compagnia del movimento psicanalitico che in quegli anni stava scrivendo la storia della nuova scienza della psiche. Se fosse capitato a noi di trovarci in una simile situazione, di certo avremmo dovuto trovare molto coraggio per dimetterci dai nostri incarichi lavorativi e seguire in autonomia le nostre idee.

4.

Se Jung trovava riduttiva la concezione di Freud riguardo all'inconscio, Freud da parte sua aveva non poche rimostranze nei confronti di Jung: gli rimproverava una eccessiva deriva spiritualistica, uno scarso empirismo, l'allontanamento dei metodi rigorosi della scienza. Qualcosa di cui la nascente psicanalisi doveva farsi garante se non voleva essere estromessa dal mondo delle scienze e relegata nel vasto abecedario delle opinioni, nel mutevole sciame delle *doxa*.

I presagi di questa crisi, come ho detto nelle pagine precedenti, erano presenti nella lettera che Jung inviò a Freud l'8 novembre del 1909. All'epoca, tra i due vi era ancora una buona amicizia e una stretta condivisione di studi e ricerche. Ma in quei giorni Jung si era dedicato a qualcosa di particolare di cui appunto riferisce nella sua lettera: «Uno dei motivi per i quali non

Le ho scritto in tutto questo tempo è che i miei interessi erano consacrati ogni sera alla storia del simbolo, ossia alla mitologia e all'archeologia. Ora sto leggendo la vecchia opera in quattro volumi di Creuzer, che contiene un enorme materiale. Tutto il piacere che mi viene dall'archeologia (e che era rimasto sepolto per parecchi anni) si è ridestato».

Il riferimento a Creuzer potrebbe sembrare privo di interesse, uno dei tanti autori che comparivano nella corrispondenza che i due psicanalisti intrattenevano con assiduità. Ma le cose non stanno così. Creuzer non era un nome qualunque. Tutt'altro.

Creuzer era stato l'autore di una monumentale opera sul significato simbolico dei miti – la *Symbolik und Mythologie* – nella quale aveva profuso il suo fervido interesse per le culture orientali e le filosofie neoplatoniche. Il suo era stato un lavoro statuario, titanico. Persino Hegel se n'era rallegrato, come testimonia la lettera che inviò a Creuzer per ringraziarlo della copia della *Symbolik und Mythologie* che aveva ricevuto: «Penso che in questo lavoro lei abbia abbracciato appieno questa immensa materia – non solo con vasta erudizione, ma anche con l'idea, la filosofia, lo spirito. Mi sento tanto incoraggiato per la mia estetica, avendo tra le mani una simile opera, che di più non riesco a dire».

Non meno favorevole fu il giudizio di Friedrich Schelling. Pur ammettendo alcune carenze metodologiche, Schelling ravvisava nei testi di Creuzer i prodromi di ciò che teorizzerà nelle proprie lezioni universitarie, pubblicate nel 1856: «Ogni cosa significa esattamente ciò che dice, né bisogna immaginarsi che voglia dire e significare qualcosa di diverso da ciò che dice. La mitologia non è allegorica, ma tautegorica».

Il termine «tautegorico» – qualcosa che parla in quanto tale senza doversi riferire ad altro – Schelling lo aveva preso in prestito «dal celebre Coleridge, che è stato il primo inglese a comprendere, e a servirsi in maniera intelligente della poesia, della scienza e soprattutto della filosofia».

C'è da dire però che, malgrado queste approvazioni da parte filosofica, le analisi di Creuzer non erano gradite agli studiosi dei miti. La filologia temette di essere trascinata nel discredito a causa di certi voli pindarici. Come Freud aveva giudicato fantasiose e indimostrate le ipotesi di Jung sull'inconscio e sull'importanza dei miti per la sua corretta comprensione, allo stesso modo i filologi più rigorosi giudicavano azzardate le ipotesi di Creuzer sul significato dei miti e le ipotesi da egli avanzate sul significato dei simboli. L'opera di Creuzer si presentava come una affascinante moneta lanciata sul tavolo. Ma il roteare di quella moneta aveva il suono di un vacillante oggetto che rischia di cadere per terra: gli accademici dediti all'antichità classica temettero di fare la stessa fine.

Come spiega il celebre filologo Glenn W. Most, il rimedio a quei rischi fu l'astensione da ogni discorso su *ciò che i miti greci possono significare per noi oggi*. Bisognava evitare qualunque ragionamento sul significato del mito, pena la possibilità di compiere semplificazioni grossolane. Bisognava prescindere dalle interpretazioni filosofiche. Molto più appropriato era limitarsi agli aspetti letterari, alle sole ricostruzioni filologiche, alle analisi linguistiche.

Oggi, a distanza di cent'anni dai giorni di quel dibattito, è forse possibile tentare una mediazione. Se è vero che non si può attraversare la materia mitica seguendo scorciatoie metodologiche dal passo incerto, è pur vero che rinunciare al valore che un mito può avere per noi oggi solo perché non siamo certi del significato che ebbe nelle culture di origine è forse una rinuncia eccessiva. Sarebbe come affermare che non possiamo prendere un infuso di camomilla prima di andare a letto la sera perché non conosciamo l'utilizzo che ne facevano i romani o i cavalieri della Tavola Rotonda!

Lo stesso può dirsi per la psicologia. Tutto il materiale mitico che emerge nei nostri sogni può essere usato in modo prezioso. Non c'è bisogno di ricorrere a princìpi innati per ammettere che l'inconscio possa ospitare immagini mutuate dal nostro patrimonio culturale. E allo stesso modo possiamo anche riflettere sul significato attuale dei simboli e delle immagini che emergono nei processi onirici senza per questo affermare che nei nostri sogni stiamo attribuendo a certo simbolo o a una certa immagine lo stesso valore che avevano per Caio Marzio o Tutankhamon.

Per comprendere questo portato *immaginifico* dei sogni bisogna attrezzarsi invece di strumenti filosofici adeguati e di una teoria psicanalitica opportuna. Bisogna ovvero concentrarsi sul riconoscimento dei simboli attribuendo loro il valore che meritano, comprendendone la stratificazione filosofica e valoriale di cui sono portatori per la società nel suo complesso e per il soggetto.

Era proprio questa la *disposizione filosofica* – per così dire – che secondo Jung mancava all'approccio di Freud. Il giovane psicanalista cercò di chiarire meglio il suo discorso ricorrendo a un esempio. Scriveva: «Quando Platone, ad esempio, inserisce l'intero problema della teoria della conoscenza nella sua parabola della caverna, si tratta di veri e propri simboli, cioè di tentativi di esprimere qualcosa per cui non esiste ancora un concetto verbale. Se interpretassimo la metafora di Platone in termini freudiani arriveremmo naturalmente all'utero, e avremmo la prova che anche una mente come quella di Platone era ancora colpita da un livello primitivo di sessualità infantile».

Procedendo in tal guisa, «trascureremmo del tutto ciò che Platone ha effettivamente ideato a partire dalle determinanti primitive delle sue idee filosofiche. Perderemmo il punto essenziale della sua filosofia. Tutto ciò che scopriremmo è che Platone aveva fantasie infantili-sessuali. Al pari di qualunque altro mortale». Una bella novità, insomma: come scoprire che nella pasta alla norma ci vanno le melanzane.

5.

Lasciamo il diritto agli amici di litigare e dirsi cattiverie reciprocamente. Del resto, sia Freud che Jung hanno avuto intuizioni e meriti pregevoli, ed entrambi hanno al contempo preso abbagli e storture condizionati dalla società in cui vivevano. Ma questa *querelle*, ormai tanto storica da potersi guardare persino con simpatia, lascia un interrogativo interessante: è possibile che i sogni siano utili per creare giorni migliori nelle nostre vite?

Possiamo rispondere a questa domanda sia avvalendoci della strumentazione freudiana sia usando quella di Jung. In queste pagine ritroveremo entrambe, per via di aspetti in qualche misura complementari. Comincerò qui dall'approccio junghiano, dedicando a Freud la parte conclusiva del discorso. Nel farlo, propongo di muoverci reputando valide due idee. La prima idea è che l'inconscio possa essere la fonte di ispirazione per vite che non immagineremmo. Inteso in questi termini, il nostro inconscio – seguendo Jung – non è la prova delle nostre mancanze, dei nostri malanni. È invece una voce che ci sospinge verso destini che emergono sollecitati dalla nostra situazione attuale. Noi dunque non siamo traditori di noi stessi per via di ciò che non siamo riusciti a compiere sotto la prepotenza delle proibizioni della società o della famiglia. Siamo piuttosto artefici all'opera che devono imparare a scegliere i migliori tra i consigli che le nostre istanze inconsce ci propongono in questo specifico momento della nostra vita. Sotto questa luce, l'inconscio smette di essere uno statico registro delle disfatte e diventa un dinamico teatro, un processo in divenire, una voce che ci dice oggi cose che forse ieri non diceva.

La seconda idea riguarda invece i sogni e i miti. Il contrasto tra Jung e Freud a cui abbiamo fatto riferimento nelle pagine precedenti ci ha permesso di sondare il più vasto dibattito avvenuto tra filologia e filosofia riguardo alla mitologia e ai simboli di cui essa è portatrice. Seppur con argomentazioni rapide, abbiamo ammesso il diritto – almeno in via ipotetica – di attribuire alla mitologia una funzione *valida per noi* pur prescindendo dal significato o dal ruolo che essa ha avuto in altre epoche o culture. Il dato non è secondario poiché tanto i sogni quanto i miti – come abbiamo visto – hanno molto a che fare con quella parte di noi che chiamiamo inconscio e che con linguaggio filosofico potremmo definire *anima*.

Questi aspetti erano ben noti a Jung, il quale condensò il fuso del suo lavoro terapeutico sulla contrapposizione tra l'*anima* (l'inconscio, appunto) e la *persona* (il ruolo esterno che un soggetto ha assunto in società). In tale contesto, l'Io (ciò che sostanzialmente siamo) praticherebbe una continua mediazione tra le istanze della persona e quelle dell'anima.

«La Persona è un complicato sistema di relazioni fra la coscienza individuale e la società» scriveva «una specie di maschera che serve da un lato a fare una determinata impressione sugli altri, dall'altro a nascondere la vera natura dell'individuo. Che quest'ultima funzione sia superflua, può affermarlo soltanto chi è talmente identico alla propria Persona da non conoscere più sé stesso. La società esige che ciascuno rappresenti al meglio possibile la sua parte. Ciascuno deve stare al proprio posto. L'uno è calzolaio, l'altro poeta. Non è previsto che si sia l'una e l'altra cosa al tempo stesso.»

La società occidentale, specialmente in certe aree geografiche, ha modificato negli ultimi anni l'accoglienza verso l'eterogeneità delle competenze. Parole come *interdisciplinarità* e *olismo* fanno ormai parte di ogni discorso programmatico. Ciononostante, la contrapposizione tra Persona e Anima, tra il costume con cui ci presentiamo in società e i desideri che animano le nostre aspirazioni, rimane un'antitesi centrale: non solo poiché ognuno di noi si trova costretto dentro una vita che a volte giudica meno interessante e piacevole di come si aspettava; ma anche perché, là dove si vedono persone che sembrano avere i mezzi per dare corso a qualsiasi desiderio (magari in quanto svincolati dagli obblighi della famiglia, dalle restrizioni economiche o dalla necessità di un lavoro), un occhio attento si rende facilmente conto che le mille faccende divertentissime a cui queste persone si dedicano non hanno molto a che fare con le profonde aspirazioni del loro animo, di cui sostanzialmente non sanno nulla.

La lontananza tra persona e anima è una realtà diffusa. Proprio chi reputa di non avere alcuna obliquità tra il proprio vissuto e il proprio mondo interiore dimostra di essere così saldamente immedesimato nei panni della maschera pubblica che indossa da non sapere più distinguere tra la vita che svolge e i bisogni intimi che tralascia.

La costruzione di una persona collettivamente conveniente – sostiene Jung – è una grave concessione al mondo esteriore, un vero sacrificio di sé. «L'inconscio tuttavia non tollera in alcun modo un simile spostamento del centro di gravità.» Ed è questa l'origine di tanti malesseri e di molte nevrosi che si riversano nella cosiddetta vita familiare.

Jung stesso racconta di una volta che conobbe un uomo degno di grandissima stima. Senza difficoltà lo si sarebbe potuto dire un santo. Per tre giorni lo osservò senza trovargli alcuna pecca, tanto che il suo senso di inferiorità cominciò a farsi minaccioso. Jung avvertiva il bisogno di correggersi, di capire per quale ragione non avesse anch'egli una vita così ben riuscita come quella del suo interlocutore.

Poi, un giorno, la moglie di quest'uomo pio fece a Jung un involontario regalo: chiese un consulto per alcune faccende relative alla sua vita coniugale. Possiamo immaginare lo scenario grottesco che ne emerse.

6.

Lasciamo da parte per un po' Freud e Jung e torniamo ai tre sogni evocati in apertura.

La dea Era ci viene incontro. È ancora adirata, tradita da Zeus. Ha reso immortale il figlio di un'altra. Il suo latte è ovunque nel cielo.

Reclama ascolto, pretende ragione. Cosa potremmo dirle? Cosa dovremmo pensare di quel chiarore sparso sulla volta celeste?

Rimasti senza parole, potremmo forse rifarci al passato. I pitagorici credevano che la Via Lattea fosse il solco in cui il Sole si muoveva un tempo, rimasto per via di quei passaggi bruciato e schiarito. Aristotele dissentiva: se così fosse, anche lo zodiaco attuale – il percorso che compie il Sole ora durante l'anno – dovrebbe presentare le stesse bruciacchiature. Cosa che non si riscontra.

Né – secondo Aristotele – avevano ragione le scuole di Anassagora e Democrito. A loro avviso le stelle sono luminose per via della luce riflessa sui loro corpi proveniente dal Sole. Ai loro occhi, dunque, la Via Lattea era composta da alcune stelle che messe in ombra dalla Terra non ricevono più i raggi solari e brillano allora di una fioca luce da loro stesse prodotte.

Aristotele reputava prive di fondamento simili tesi. Il cono d'ombra prodotto dalla Terra era a suo avviso troppo piccolo per avere effetto su un numero così vasto di stelle come quelle che compongono la Via Lattea. Vi era poi una ragione di ordine più generale. In tutta la sua cosmologia, Aristotele aveva sostenuto che il mondo sovralunare – ciò che si trova al di sopra della Terra – è governato da una quiete imperturbabile in cui i fenomeni sono regolati da movimenti uniformi e circolari, quanto di più prossimo alla perfezione di Dio. Manifestazioni come il passaggio delle comete o il baluginare di tratti del cielo non potevano appartenere a quel mondo imperturbabile. Andavano quindi confinati alle zone alte dell'aria e agli effetti che le sfere celesti avevano su di essa. Così, per esempio, l'aria calda generata dal passaggio di una stella era la ragione di quel fenomeno ottico chiamato «comete». E lo stesso processo dava vita alla Via Lattea. Infatti, scrive Aristotele, «ciò che accade a una singola stella accade anche, o almeno così possiamo supporre, a tutto il cielo e a tutta la rivoluzione superiore».

L'idea aristotelica di un cielo armonico e imperturbato transitò nei secoli a seguire. Ancora nel Rinascimento, il cosmo da lui descritto costituiva gran parte del mondo etereo ammesso dalla Chiesa, grazie anche alla fortuita concordanza che esso aveva con le Sacre Scritture. Costituiva così il modello usato da chi – per piglio devozionale o ufficio inquisitorio – si dedicava a dar giudizio sulle ipotesi degli scienziati concedendo legittimità solo alle rappresentazioni del cielo che, se non potevano già dirsi perfette come il Paradiso, potevano almeno essere ritenute abbastanza sante da scongiurare l'eventualità di non metterci mai piede in quel Paradiso promesso.

Ogni alternativa era insomma da considerarsi eretica. Che la Via Lattea fosse conseguenza di un inganno dell'occhio o di un movimento d'astri contava poco. L'importante era che non costituisse un inciampo morale, una gaffe teologica, uno smarrimento della dottrina. Di tentazioni e sventure il mondo ne aveva già abbastanza. Che almeno alzando gli occhi in cielo non ci fosse da temere nulla.

Malgrado ciò, gli scenari erano destinati a più tumultuose eventualità. Già Giovanni Filopono, autore di celebri commentari aristotelici e guida della scuola filosofica di Alessandria, nel VI secolo aveva posto qualche domanda imbarazzante: com'è possibile che la Via Lattea costituisca una gigantesca eccezione alla durata invariabilmente breve di tutti i fenomeni che avvengono nell'atmosfera? Come mai la quantità e la qualità dell'esalazione, una sostanza molto volatile, non cambia mai mentre alimenta la Via Lattea? Perché questa esalazione si mantiene sempre nella stessa posizione rispetto alle stelle? Per quale ragione la Via Lattea non mostra alcun cambiamento quando il Sole, la Luna e i pianeti la attraversano, mentre c'è un grande cambiamento nel tempo stagionale a seconda della posizione del Sole? Come mai un oggetto enorme come la Via Lattea può mostrare, sotto l'orbita della luna, quella perpetua immutabilità che è la caratteristica distintiva delle regioni celesti?

Alla luce di queste incongruenze era davvero il caso di considerare la Via Lattea un semplice effetto ottico dell'atmosfera terrestre come aveva sostenuto Aristotele?

Più che alla dottrina la risposta spettò alla diottria. Nel XVI secolo, parti consistenti del sistema aristotelico furono messe in crisi dalle osservazioni degli scienziati: Copernico, Tycho Brahe, Keplero. Ma la sua demolizione definitiva avvenne a opera di Galileo, grazie al cannocchiale da lui costruito. Sul finire del 1609, lo scienziato pisano sperimentò una serie di memorabili serate in Toscana durante le quali puntò lo strumento ottico verso il cielo e osservò cose che nessuno aveva mai visto: i dettagli della superficie lunare, i satelliti di Giove, e la vera composizione della Via Lattea. Nel suo *Sidereus Nuncius*, l'opera che diede alle stampe pochi mesi dopo per annunciare al mondo le sue scoperte, Galileo raccontava che il circolo latteo era composto da piccolissime stelle: «Ho osservato la natura e la materia della Via Lattea. Con l'aiuto del telescopio, questa è stata esaminata in modo così diretto e con tale certezza oculare che tutte le controversie che hanno assillato i filosofi in tante epoche sono state risolte e siamo finalmente liberi da dibattiti verbosi su di essa. La galassia, infatti, non è altro che una congrega d'innumerevoli stelle raggruppate in ammassi. In qualsiasi parte di essa si diriga il telescopio, si presenta subito alla vista un'immensa folla di stelle. Molte di esse sono piuttosto grandi e abbastanza luminose, mentre il numero di quelle più piccole è al di là di ogni calcolo».

Erede di queste e altre osservazioni, il grande naturalista e uomo di scienze francese Pierre-Simon Laplace riassumeva così la situazione nel 1835: «Una luce bianca di forma irregolare, nota come Via Lattea, circonda il cielo in una cintura. Attraverso il telescopio, possiamo scoprire un numero prodigioso di piccole stelle, che sembrano essere abbastanza vicine tra loro da formare una luce continua. In varie parti del cielo si possono vedere anche piccole nebulose, molte delle quali sembrano avere la stessa natura della Via Lattea. Viste al telescopio, mostrano anch'esse l'unione di un gran numero di stelle».

Anche Kant ebbe a commentare il fenomeno: «Chiunque osservi il cielo pieno di stelle in una notte limpida sarà consapevole della fascia luminosa che, a causa del gran numero di stelle che vi si concentrano più che altrove e del fatto che alle enormi distanze non possono più essere viste come stelle singole, mostra una luce uniforme, a cui è stato dato il nome di Via Lattea. È sorprendente che gli osservatori dei cieli non siano stati spinti molto tempo fa dalla natura di questa zona sensibilmente diversa ad attribuire caratteristiche particolari alla posizione delle stelle fissate da essa. Si può infatti vedere che essa occupa la direzione di un grande cerchio e in un collegamento ininterrotto intorno all'intero cielo, due condizioni che contengono in sé una determinazione così precisa e caratteristiche così sensibilmente diverse dalla vaghezza dell'arbitrario, che gli astronomi attenti avrebbero dovuto essere naturalmente ispirati da questo a cercare con diligenza una spiegazione di tale fenomeno».

La spiegazione è ormai ben nota: la Via Lattea è parte dell'enorme galassia che ospita il nostro sistema solare. Noi orbitiamo attorno al suo centro a una distanza di quasi ventisettemila anni luce e a una velocità di 230 km al secondo. Si stima che il sistema solare impieghi circa duecentocinquanta milioni di anni per completare un giro attorno al centro galattico. Insomma, quel tipo di cose che ti fanno ridimensionare il concetto di «coda alla Posta».

7.

Il latte di Era è dunque svanito dalla volta celeste? Il suo mito è solo un inutile racconto sfatato dalla scienza?

Non credo. Il fascino che queste storie suscitano in noi dà prova della loro attualità, della loro vivida presenza. Le indagini scientifiche raccontano il mondo esterno, i miti e i sogni parlano del mondo interno, una dimensione non meno importante di quelle che ci circondano se consideriamo che a essa sono riconducibili tutte le nostre emozioni: l'amore, l'odio, la paura, l'ambizione, la noia, la felicità, il bisogno di scoperta, la tenacia, l'ironia, la fantasia e via così.

Il dato divertente della Via Lattea è che molte delle critiche che furono indirizzate a Creuzer riguardavano i suoi metodi filologici, la sua intenzione di trovare parentele tra miti geograficamente lontani, di rintracciare genesi comuni, trasposizioni possibili, traduzioni ipotetiche. Ma con la Via Lattea la situazione è diversa. Non si tratta di cercare radici collettive a immagini mitiche diverse. Tutto il contrario. Qui l'immagine è una: la Via Lattea, appunto; a essere molteplici, sono invece le occhiate che ha ricevuto: quelle delle tante genti che negli ultimi due milioni di anni se la sono ritrovata la notte sopra le teste.

La Via Lattea offre così l'occasione – un caso di studio, potremmo dire – per *definire il mito come molteplicità*. Ed è proprio questo l'aspetto che ci autorizza oggi a farne ogni uso onirico, artistico o razionale.

Davvero qualcuno di noi, in una bella notte d'estate all'aperto, magari in buona compagnia e con il rumore del mare o il gracidare dei grilli nelle vicinanze, dovrebbe sentirsi in dubbio se parlare o meno della Via Lattea? Davvero dovrebbe dirsi «meglio non dire nulla: non vorrei urtare la sensibilità di qualche azteco precolombiano o di un peripatetico di Atene!».

Credo che nessuno di noi si senta in dovere di precludersi emozioni o idee quando vede, sogna o parla della Via Lattea. Perché dunque dovremmo farlo con le altre immagini che incontriamo nell'arte, nei libri, nei racconti o nei nostri sogni? A inibirci sarebbe un inconsapevole ossequio al *pensiero unico*, alla *rappresentazione univoca della realtà*. Dietro l'idea che non si possa dire nulla dei miti oggi perché non sappiamo cosa significavano per i greci o per le altre culture a cui risalgono, si cela la convinzione che il mito sia *uno*, che ne esista una versione legittima, canonica, autenticata.

Ma il mito invece è quanto di più molteplice possa esistere. Lo dimostra lo stato di famiglia di qualunque storia mitologica: figli che hanno madri diverse, divinità che cambiano nome, eroi che a volte sono eroi altre volte non sanno neanche chi sono.

Anche il mito della Via Lattea è carico di simili ambiguità, di tratti molteplici. In una delle versioni di Igino, Era allatta Ermes, non Eracle. In altre, si dice che fu la dea Rea ad allattare, ma non Eracle, bensì il figlio che aveva avuto con suo fratello Crono! Per non parlare di ciò che ne pensavano gli Incas, secondo cui la Via Lattea era fatta di polvere d'oro, o i Boscimani, che la credevano una manciata di cenere, o ancora gli Inuit, per i quali non si sapeva bene di cosa fosse fatta ma era certo che la usassero gli spiriti per le loro passeggiate notturne. Nella cultura egiziana, poi, la Via Lattea fu associata alla divinità della notte, Nut, parlando della quale abbiamo aperto questo libro.

A una simile molteplicità d'immagini, noi oggi possiamo aggiungerne ulteriori. La Via Lattea è anche ciò che hanno raccontato Aristotele, Galileo, Kant, Laplace e molti altri studiosi e studiose. Se noi oggi sogniamo il *chiarore nel cielo*, immaginiamo qualcosa di simile a ciò che sognava un nostro antenato mille anni fa; ma immaginiamo anche qualcosa di molto diverso, carico di nuove possibili simbologie.

Certo, nel lungo fiume di timori e speranze, progetti e ambizioni che dall'alba dei tempi è giunto fino a noi, alcuni simboli hanno trovato attribuzioni valoriali comuni. Così il Sole tende a essere caldo e luminoso, e difficilmente si troveranno culture dove lo si associa al freddo o alla peste bubbonica. Allo stesso modo la montagna è sinonimo di elevazione e il mare viene considerato con concordanza sorprendentemente plebiscitaria un luogo bagnato.

Ma il nostro immaginario mitico non è rigido. Non è una copia di quello che ha animato le menti e i cuori dell'antichità. In noi esistono anche tratti che in passato non esistevano: nella nostra mente navigano astronavi, racchette da tennis, schermi al plasma. L'immaginario umano si estende, anche se questi oggetti si trovano in relazione con movimenti psichici ancestrali come l'amore, la paura, il desiderio sessuale, il bisogno di affermazione ed emozioni simili. Del resto, anche questi sentimenti mutano nel corso delle epoche o in relazione ai contesti.

Dunque, non solo noi possiamo usare i miti oggi. Siamo persino costretti a farlo. Senza questa vita inconscia saremmo già morti da tempo. Per una qualche strana combinazione biologica abbiamo evoluto una mente che possiede profondità inattese. È un accidenti meraviglioso. Dopo tutto, a noi serviva solo un cervello un po' più evoluto per imparare ad accendere il fuoco, arredare le pareti delle caverne e scansare qualche mammut distratto dal piede maldestro. Ma grazie a questo accidenti evoluzionistico, la nostra vita inconscia ci ha reso in qualche modo immortali: capaci di una continua generazione d'immagini e destini che contrasta la rigidità di una vita altrimenti fatta sempre degli stessi eterni ritorni. Leibniz immaginava che il nostro destino fosse già scritto. Che a noi toccasse solo interpretarlo, senza scarto alcuno. La nostra creatività inconscia ci libera da questa *esistenza già morta*, da questa privazione di alternative. Ci afferra e ci riporta in vita. È un mondo interiore pieno di destini insospettati.

Per richiamare Jung un'ultima volta, «il nostro Sé non soltanto contiene il deposito e la somma di tutta la vita vissuta, ma è anche il punto di partenza, il terreno materno gravido di tutta la vita futura, il presentimento della quale è intimamente altrettanto chiaro quanto l'aspetto storico. Da questo fondamento psicologico proviene legittimamente l'idea dell'immortalità».

Ed è proprio l'idea d'immortalità, di vita psichica come alternativa all'immobilismo e alla staticità, che mi ha portato a scegliere la Via Lattea tra i sogni emblematici di questo capitolo dedicato a molteplici risvolti dell'anima. Dopo averne tanto parlato, forse questa notte ci capiterà persino di sognarla. Ci ritroveremo in compagnia di Era, tornata a trovarci. Allora per un istante potremmo ancora chiederci: cosa ha di tanto affascinante la storia della Via Lattea generata da Era? Cosa ha di particolare il suo latte versato tra le stelle? Cosa ha di tanto straordinario?

Ognuno di noi avrebbe le sue risposte. Io vedo soprattutto due qualità. La prima la conosciamo da tempo: il latte di Era rende immortali. Un dono che Eracle riceve e che donerà a sua volta. È ancora il mito a raccontarlo. Alcesti è la moglie di Admeto. Quando per lui giunge l'ora di morire Admeto ha la possibilità, grazie a un dono degli dèi, di sottrarsi a Thanatos, il dio della morte, purché qualcun altro muoia al suo posto. Ma nessuno è disposto al sacrificio. L'unica a offrirsi è sua moglie Alcesti che cede la propria vita per salvare il marito.

Admeto cade in una tristezza profonda. La perdita di sua moglie lo ha devastato. Per un fortuito caso, Eracle viene a fargli visita. Per non mancare al senso di ospitalità, Admeto lo accoglie senza dire nulla della tragica notizia. Fa preparare un banchetto e poi lo lascia da solo a mangiare. Ma Eracle si insospettisce. Troppa tristezza sente in casa. Chiede notizie al servo che si occupa della tavola e apprende allora della morte di Alcesti. Cupo in volto, Eracle parte. Ma assicura che tornerà.

Quando fa ritorno in casa, Eracle ha con sé una schiava col volto coperto. L'ha vinta in un torneo. Vuole cederla ad Admeto affinché possa consolarsi dalla perdita subita. Ma Admeto lo prega di portare via la ragazza perché gli ricorda sua moglie Alcesti e il suo cuore è già troppo colmo di tristezza. In quel momento Eracle toglie il velo dal volto della ragazza e questa si rivela essere Alcesti, la moglie di Admeto. Eracle l'ha attesa nei pressi del sepolcro e l'ha strappata al dio della morte Thanatos dopo una lunga lotta. I due sposi potranno così vivere di nuovo insieme.

L'idea dell'immortalità è un'idea per noi molto significativa. Ed è una delle simbologie che ci rendono caro questo mito.

La seconda qualità del latte di Era la conosciamo invece da tempi più recenti. Non è un latte qualunque. È un latte fatto da una sottilissima moltitudine di stelle. Sconfinate e luccicanti, lontane e misteriose. E cosa questa immagine possa significare per noi, lo sanno bene i nostri cuori.

8.

Il problema con l'anima è se sia il caso o meno di seguire quanto ci suggerisce. Il sogno tratto dalle *Mille e una notte* che ho menzionato in apertura è emblematico. Eccolo qui nella sua interezza:

> Visse al Cairo un uomo di grandi ricchezze, ma così magnanimo e prodigo che le perse tutte tranne la casa di suo padre. Si trovò dunque costretto a lavorare per guadagnarsi il pane. Lavorò tanto che una sera il sonno lo colse sotto un fico del suo giardino, e vide in sogno un uomo bagnato fradicio che si toglieva dalla bocca una moneta d'oro e gli diceva: «La tua fortuna è in Persia, a Isfahan; va' a cercarla».
>
> L'indomani si svegliò all'alba e intraprese il lungo viaggio e affrontò i pericoli dei deserti, delle navi, dei pirati, degli idola-

tri, dei fiumi, delle belve e degli uomini. Giunse infine a Isfahan, ma la notte lo sorprese dentro le mura della città ed egli si coricò nel cortile di una moschea. Accanto alla moschea c'era una casa. Una banda di ladri attraversò la moschea e penetrò nella casa, e le persone che vi dormivano si svegliarono al rumore dei ladri e invocarono aiuto. Anche i vicini gridarono, finché il capitano delle guardie di quel luogo non accorse con i suoi uomini. I banditi erano già fuggiti correndo sui tetti. Il capitano ordinò di perquisire la moschea. Le guardie trovarono l'uomo del Cairo. Dopo averlo arrestato lo presero a vergate e gliene diedero una tale dose che quello quasi moriva. Svenne. Dopo due giorni riprese i sensi. Si trovava in carcere. Il capitano lo mandò a chiamare e gli chiese: «Chi sei, e qual è la tua patria?»

L'uomo spiegò che veniva dalla città del Cairo.

Il capitano gli chiese perché mai fosse venuto in Persia. E il detenuto disse la verità: «In sogno un uomo mi ha detto di venire qui a Isfahan perché avrei trovato la mia fortuna. Ma adesso che sono qui capisco la fortuna che mi fu promessa erano le vergate dei tuoi uomini».

Udendo simili parole, il capitano scoppiò in una grassa risata e disse: «Uomo scervellato e credulone, tre volte ho sognato di una casa nella città del Cairo in fondo alla quale c'è un giardino, e nel giardino una meridiana e dopo la meridiana un fico e dopo il fico una fontana, e sotto la fontana un tesoro. E non sono mai stato così sciocco da dare il minimo credito a una simile fandonia. Tu invece, nato da una mula e da un demonio, sei andato errando di città in città, guidato solo dalla fede nel tuo sogno. Non farti rivedere mai più a Isfahan. Prendi queste poche monete e vattene».

L'uomo le prese e se ne tornò in patria. La sua casa aveva un giardino. Nel giardino vi era una meridiana dopo la quale si trovava un fico. Dietro al fico c'era una fontana. Si mise a scavare proprio lì. E vi trovò il tesoro. Così Dio lo benedisse e lo ricompensò e lo esaltò. Dio è il Generoso, il Nascosto.

La distanza tra l'anima e la vita vissuta è spesso consistente. Tale scarto rende difficile accordare fiducia alle richieste della nostra interiorità. Il che tra l'altro non è sempre un male. L'inconscio, infatti, non suggerisce solo dati auspicabili. Il suo linguaggio è remoto, un codice di difficile accesso. Le sue voci provengono da un contesto a noi sconosciuto, un luogo infero dove vigono regole di tutt'altra portata rispetto a quelle che qui in superficie governano la nostra vita e la nostra stessa sopravvivenza nel mondo.

Il faticoso compito dell'Io consiste in un continuo dialogo tra il mondo esterno e le immagini che emergono dalle parti più profonde della nostra anima. Un contrappunto pieno di insidie: se può dirsi perduto colui o colei che si è rassegnata alle prepotenze della propria persona rinunciando agli amori profondi del proprio cuore, altrettanto perduto o persa può dirsi colui o colei che abbia allentato in misura tanto consistente la propria relazione con la persona da precipitare del tutto nelle profondità dell'anima. Gli effetti sono altrettanto disastrosi: si tratta di uno smarrimento non meno doloroso – e spesso non più consapevole – di quello opposto. Chi perde il contatto con la realtà della propria vita esterna viene assorbito in un luogo fatto d'immagini di cui non sa governare le conseguenze.

All'Io compete quindi un compito complesso. Le verità dell'anima richiedono un disvelamento, una traduzione che possa farle transitare verso il mondo della razionalità. Un processo che viene complicato dalle continue voci inibitorie che una parte diffidente di noi genera quando avverte queste ipotesi di cambiamento e che sembrano dirci «è ridicolo, è improprio, è egoistico, immorale, inutile». O ancora: «Non è per te, non è da te, non ci riuscirai, non ha senso, è illusorio, è banale, è troppo presto, è troppo tardi».

Nel repertorio di simili voci inibitrici, proprio *il tempo* contiene forse le insidie maggiori. Impone procrastinazione o rinuncia. Nel primo caso, si pensa che ci sia ancora molto tempo, che ci si potrà pensare in seguito, che conviene dunque attendere condizioni più sicure, momenti più ragionevoli; nel secondo caso, si cade nell'inganno opposto: la convinzione che ormai non ci sia più modo di tentare, che sia troppo tardi, che bisognava pensarci prima perché forse allora, forse sì in quel caso sarebbe stato possibile, ma certo non adesso, non più.

Il dato drammatico e comico al tempo stesso è che entrambe le serie di enunciati sono false. Non è mai troppo presto, e non è mai troppo tardi. Il vero problema è capire quali immagini di sé si stiano censurando in nome di questo alibi temporale. Molte di esse non dipendono da limitazioni economiche, dall'età, o dai vincoli familiari. C'è sempre una ragione per rinunciare a sé stessi, per preferire il destino che stiamo vivendo assumendolo come unico e incontrovertibile. C'è sempre un'occasione per tradire la nostra natura, la natura come la intendeva Eraclito, la natura che tende a nascondersi. Quando Heidegger afferma che «l'idea occidentale di natura deriva, originariamente, dalla visione greca dell'Essere come sbocciare, come emergere» egli intende proprio questo. Heidegger fa riferimento allo «schiudersi» allo «svelarsi» che tenta il filosofo – ma anche ognuno di noi – quando prova a scoprire le proprie verità interiori.

L'uomo però tende a dimenticare l'Essere. Preso dalla vita quotidiana, aggiunge Heidegger, «l'uomo non può prestare attenzione allo schiudersi delle cose, al loro sorgere, alla loro physis, alla loro natura nel senso etimologico del termine». Jean Wahl commenta questa condizione affermando che l'oblio dell'Essere «in qualche modo ci costituisce, noi che lo compiamo sempre, noi umani, il cui destino è appunto quello di compiere quest'atto. Noi siamo sempre gli assassini dell'Essere». Del resto, con fare meno filosofico ma non meno efficace, John Lennon l'aveva detto a modo suo: «La vita è ciò che capita mentre siamo occupati a fare altro». Ed è dunque una vera fortuna che quell'*altro che ci occupa* dipenda da noi. Se non altro in larga parte.

9.

Il terzo sogno che avevo evocato è quello di Zarathustra. «Perché mi sono talmente spaventato da svegliarmi? Ho guardato nello specchio e il mio cuore era sconvolto: perché in esso non vidi me stesso, bensì il ghigno deforme di un demonio.»

Ci sono due modi di guardare all'immagine di questo sogno. Nel primo caso Zarathustra sta vedendo sé stesso e scopre di essere mostruoso; nella seconda eventualità sta vedendo il proprio lato nascosto – che solo lo specchio riesce a rivelare – e capisce che dentro di sé c'è qualcosa di mostruoso.

Entrambe le ipotesi si trovano in equilibrio su una bilancia che oscilla tra soggettività e contesto collettivo. In quel suo celebre lavoro che ebbe per titolo *Il disagio della civiltà*, Freud pose una brillante contrapposizione tra *principio del piacere* (ciò che il bambino e poi l'adulto vorrebbe) e *principio della realtà* (ciò che il contesto gli impone). A questa diade in antagonismo, Freud faceva risalire il grande malessere che ognuno sperimenta nel trovarsi teso tra un mare sconfinato di desideri e un mondo deludente di divieti.

Si deve a Herbert Marcuse una chiave di svolta, una via segreta di fuga a questa ennesima contrapposizione tra mondo interiore e mondo esterno: è vero – sosteneva Marcuse riprendendo le teorie di Freud – che esiste un'inevitabile differenziale tra i desideri e le imposizioni sociali, ma tali imposizioni non sono immutabili; esse dipendono dalla condizione *storica*. I nostri desideri sono limitati dalla realtà, ma lo sono in misura diversa se tale realtà coincide con la New York di oggi, la Francia degli illuministi, una comune di Woodstock o un villaggio caraibico.

Nella maggior parte dei casi, in Occidente, gli individui vivono una condizione penosa. Anche là dove credono di controllare le proprie attività quotidiane, sono in larga parte costretti ad assimilare le regole collettive imposte da un contesto che tradisce continuamente le loro aspettative. La libido – scriveva Marcuse – è stata deviata per consentire prestazioni socialmente utili. L'individuo è sovente impegnato in attività che in massima parte non coincidono con le sue facoltà e i suoi desideri.

In un simile contesto, è facile pensarsi se non proprio mostruosi, almeno bruttarelli. Il senso d'inadeguatezza dilaga. Ma nei momenti in cui le nostre certezze sembrano vacillare, c'è una bruttezza salvifica che può venirci incontro. Consapevoli di quanto in queste pagine è emerso, potremo guardare in modo diverso lo specchio. L'immagine che vediamo non è esattamente la nostra. A ben guardare si trova oltre il nostro volto, più in fondo, più in là. È l'immagine che ci propone la nostra anima. Mostruosa in quanto molteplice, in quanto mescolanza dei tanti destini possibili a cui ci siamo sottratti, dei tanti desideri che abbiamo nel cuore. Presi dalle nostre vite, ordinati dentro i nostri doveri, non possiamo concedere bellezza a quell'immagine così sconveniente, così disdicevole. Se riuscissimo a farlo non saremmo più ancorati a quest'altro lato della vita.

Ma è proprio quella bruttezza che può darci un'occasione. Perché se siamo in grado di notarla, siamo già oltre l'apparenza, oltre la maschera, oltre la visione monoteista della nostra persona. Siamo già capaci di pensarci molteplici, di andare più in là, verso un mondo d'ipotesi dove – con un gioco di riflessi – potremmo scambiare le parti.

Allora, svegli dopo l'ennesimo sogno, ci guarderemo allo specchio divertiti, constatando com'eravamo monotoni, scettici e bruttarelli prima di darci al lato imprevedibile di noi, alla molteplicità salvifica della nostra Anima.

La penultima confutazione del tempo

1.

Pochi di noi tendono ad accogliere con brio e festosità l'incedere del tempo, il passare degli anni. Perlopiù sono aspetti che ci consegnano a un certo disappunto, se non persino a una vera e propria uggiosità. Si tratta di un malcontento che i miti dei popoli antichi non mancarono di registrare. Quando, per esempio, gli scavi compiuti ad Assur e Uruk, in Mesopotamia, riportarono alla luce alcune tavolette su cui era inciso un antico poema epico, il mondo ebbe conferma di ciò che i Babilonesi pensavano dell'origine del cosmo. Il testo fu chiamato *Quando lassù*, lasciando presagire già nelle parole del titolo le vicende di cui trattava. E sono vicende truci, non esattamente foriere di buone notizie. Stando a quanto riportano, la creazione dell'universo avvenne a opera di due divinità, personificate nelle figure dell'oceano dell'acqua dolce e dell'oceano dell'acqua salata. Neanche il tempo di dar vita al cosmo e alle sue creature, che il dio dell'acqua dolce – personificazione del padre – viene messo in ambasce dai propri figli i quali, non tollerandone i dettami, decidono di darsi a una soluzione pratica e sbrigativa: accopparlo e disfarsene. Con la complicità di Ea, divinità della magia, viene creato un incantesimo sacro e potente che porrà fine al genitore.

Questi scontri tra generazioni possono essere un riflesso del malcontento che già le civiltà arcaiche avvertivano nel constatare che, se la nascita dell'universo aveva portato gioie come la vita, non aveva mancato certo di trascinarsi dietro anche qualche sventura come appunto il tempo. Ciò appare più evidente se si guarda a un altro poema dell'antichità: la *Teogonia* di Esiodo. In essa, il poeta Esiodo – o chi al posto suo scrisse l'opera che ci è stata tramandata – rende più esplicito l'abbinamento tra la genesi del cosmo e la nascita del tempo. Anche in questo caso si assiste a uno scontro tra generazioni. Il Cielo, creatore dell'universo insieme alla Terra, viene ucciso da Kronos, «dai tortuosi pensieri, il più terribile dei figli».

Il richiamo temporale è qui più esplicito: in effetti, Kronos, come fanno rilevare i filologi, non è il dio del tempo Chronos, bensì un gigante, un titano, figlio appunto di Terra e Cielo. Tuttavia la sua presenza nella *Teogonia* ha una forte valenza temporale. Come ha osservato la studiosa Christine Kossaifi, nel momento in cui Kronos fa il suo ingresso nel poema, lo svolgimento subisce implicazioni temporali non solo sulle vicende del testo, sancendo il susseguirsi delle generazioni, ma anche della struttura stessa dell'opera: provoca un'accelerazione nello stile della scrittura.

Del resto, seppure il titano Kronos non sia Chronos, è anche vero che le somiglianze tra i loro nomi agevolarono una certa promiscuità di ruoli. La fortuita somiglianza dei loro appellativi – distinti solo nella consonante iniziale – contribuì infatti a creare, nel corso delle epoche, una certa assimilazione tra le due figure mitologiche fino ad assorbirle in un'unica entità preposta a sovraintendere il divenire.

Secondo Plutarco, per esempio, che sembra essere il primo autore a dichiarare questa identità per iscritto tra i due soggetti, Kronos significa Tempo allo stesso modo in cui Hera significa Aria ed Efesto significa Fuoco. Un'identificazione che si ritrova anche in Cicerone. Nel *De natura deorum* è scritto: «Il nome greco di Saturno è Kronos, che è lo stesso di Chronos, uno spazio di tempo».

Gli studiosi Geoffrey Stephen Kirk e John Earle Raven sostengono che tale identificazione tra Kronos e Chronos sia antichissima, e fu iniziata probabilmente dagli Orfici del tardo periodo. Ipotesi che s'intona con le testimonianze lasciateci dallo storico Plutarco – vissuto tra il I e il II secolo d.C. – secondo il quale tale identificazione era molto comune in Grecia.

Se seguiamo le vicende dei poemi citati tenendo a mente questa identificazione di personaggi, possiamo immaginare una certa prossimità tra l'origine del cosmo e la nascita del tempo. E si spiega allora perché, anche se ormai lontani da quei giorni della genesi, noi avvertiamo ancora l'onda lunga di quell'inizio temporale che ci consegnò all'incedere del tempo. Fu così che iniziò quel vortice di lancette e scadenze che rende l'orologio un nemico, la vita una corsa e i weekend troppo corti.

In una simile incresciosa situazione, è comprensibile che chi – come noi – si ritrovi a sondare argomenti sulla molteplicità, possa essere colto da una tentazione, da un desiderio, da una domanda: non è che tra le tante eccezioni al pensiero unico, vi sia qualcosa che possa aiutarci a confutare il tempo, che possa liberarci dalle sue maglie, che possa restituirci un po' di allegria nelle nostre affrettate vite?

2.

Tutt'altro che propensi a un cosmo generato da scontri e trambusti, i filosofi pitagorici dell'epoca classica si dedicarono alla concezione di un cielo che fosse più pacato di quello di Esiodo: un luogo ideale che aveva dalla sua parte l'eleganza del numero e la pace dei suoni armoniosi.

La Scuola pitagorica fu fondata da Pitagora a Crotone, in Calabria, circa cinquecento anni prima della nascita di Gesù, seguendo l'esempio delle comunità orfiche sorte in Egitto e in Babilonia. I pitagorici posero all'origine del cosmo i numeri e le loro relazioni. Avevano scoperto che esiste una relazione tra le lunghezze delle corde degli strumenti musicali e i suoni da esse prodotte. Se le lunghezze erano in proporzioni numeriche semplici, producevano suoni che insieme davano un effetto piacevole all'orecchio. Questo avveniva, per esempio, quando una corda era il doppio o la metà rispetto all'altra.

Nel corso del tempo, sorse così l'idea che il cosmo intero fosse governato da relazioni matematiche di questo tipo. Si giunse a pensare che esso fosse costituito da una serie di sfere concentriche, poste una dentro l'altra, con al centro la Terra: ogni sfera roteava ed emetteva una nota, e tutte insieme generavano una musica dolcissima in grado di testimoniare la perfezione numerica del Cosmo.

Platone, nella *Repubblica*, richiama questa idea diffusa nella Grecia classica, immaginando peraltro che la nota non sia prodotta direttamente dal movimento delle sfere ma dalla voce di otto sirene, ognuna posta a vegliare su una delle otto sfere che componevano i cieli: «Sull'alto di ciascuno dei suoi cerchi stava una Sirena che, trascinata in quel movimento circolare, emetteva un'unica nota su un unico tono; e tutte otto le note creavano un'unica armonia».

Tale armonia trascinava con sé una certa concezione del tempo. Secondo gli antichi, questo era ciclico e uniforme. Secondo Platone, era sorto insieme all'universo, non meno di quanto sembra sostenere il racconto poetico di Esiodo: «Il tempo nacque col cielo, affinché, nati assieme, assieme anche si dissolvano, se mai debbano dissolversi».

Più avanti, Platone ritorna sulla relazione tra cosmo

e tempo. Scrive: «Il Sole, la Luna e gli altri cinque astri, che si chiamano erranti, sono nati per definire i numeri del Tempo e assicurarne la conservazione». Questi numeri altro non sono che il succedersi dei giorni, dei mesi lunari, dell'anno. Dunque, il tempo muta continuamente e coincide con il movimento. Ciò che invece rimane immobile è Dio poiché «ciò che è immutabile e inalterato non diventa né più vecchio né più giovane col trascorrere del tempo».

Aristotele contestò molti degli enunciati platonici e non mancò di farlo anche in questo caso. Di scarso accordo con l'idea che il cosmo possa produrre una musica reale – che gli abitanti della Terra dovrebbero udire ma, orecchio alla finestra, nessuno sente – fu tutt'altro che favorevole all'ipotesi secondo cui tempo e movimento debbano coincidere. «Il cambiamento e il movimento di ciascuna cosa sono soltanto nella cosa che cambia» scrive nella *Fisica* «il tempo, invece, è parimenti in ogni luogo e presso ogni cosa. Inoltre, ogni cambiamento è più veloce e più lento, mentre il tempo no.»

In questo passo, Aristotele esplicita un distinguo che sarà centrale anche nel pensiero di Newton e in quello di molti degli scienziati che osserveranno il cielo tra Umanesimo e Illuminismo: esiste un tempo cosmologico, assoluto e immutabile, ed esiste anche un tempo soggettivo, percepito, passibile di variazioni. La stessa durata infatti può essere avvertita più lunga o più breve per via delle condizioni di chi ne fa esperienza.

Va pur rilevato che secondo Aristotele, per quanto indipendente dal movimento, per quanto entità a sé, il tempo è strettamente connesso ai moti degli astri poiché sono loro a scandirlo, a sovraintendere al suo procedere omogeneo. Sono i movimenti degli astri che ci permettono di averne contezza, di poterne contare i momenti successivi. Il moto del cielo, dunque, «è misura di tutti i movimenti perché esso soltanto è continuo, uniforme ed eterno».

3.

Il tempo aristotelico avanzò. Qualche secolo dopo animava gli interrogativi dei mistici occidentali. Sant'Agostino se ne crucciava: «Cos'è dunque il tempo? Se nessuno me lo domanda, lo so; se volessi spiegarlo a chi me lo chiede, non lo so più». Così, grossomodo, scriveva nelle sue *Confessioni*.

Per quelli che come noi siamo qui a tentare una confutazione al tempo, Agostino ha lasciato consigli di grande utilità. Ci torneremo a breve. Per l'istante, ancora sotto i capricci della lancetta, diamo un occhio alla scienza. Il cosmo aristotelico – che a lungo aveva forgiato l'immaginario medievale e gli insegnamenti della Scolastica – fu squinternato dalle osservazioni degli scienziati del XVI e XVII secolo: Copernico, Rheticus, Tycho Brahe, Galileo, Keplero.

Gli occhi di questi scienziati rivelarono che il cosmo immaginato dal filosofo greco non esisteva. Come si è detto, il cielo secondo Aristotele era composto da sfere trasparenti e concentriche, poste una dentro l'altra.

Al centro stava la Terra, le sfere trasparenti le ruotavano attorno. Ogni sfera inoltre portava infisso al suo interno un pianeta che dunque era sorretto in alto e ruotava attorno alla Terra proprio grazie al movimento della sfera a cui apparteneva.

Si trattava di un cosmo governato dalla pace. Mentre sulla Terra si assisteva a temporali, terremoti e sconquassi d'ogni sorta, il mondo celeste era un luogo di serenità e calma, un posto dove il tempo scorreva omogeneo e uniforme.

Gli scienziati – tra Cinque e Seicento – ebbero a demolire gran parte di questo sogno cosmologico. Il movimento delle comete, per esempio, rivelò che esse potevano attraversare bellamente le sfere celesti senza esserne affatto ostacolate. Ciò dimostrava che le sfere non avevano consistenza solida e anzi non esistevano affatto. Si trattava al più delle traiettorie dei pianeti e queste non erano neanche sferiche poiché, come scoprì Keplero, i pianeti compivano un movimento ellittico in cielo, non circolare.

All'inizio del Seicento, ben poco del cielo di Aristotele rimaneva dunque credibile agli occhi degli scienziati. Essi però gli concedevano due aspetti: che il cosmo fosse governato da un tempo uniforme e che gli astri roteassero con movimenti periodici.

Il che tuttavia creava problemi di non facile soluzione. Il primo riguardava proprio i movimenti astrali. Se le sfere non erano solide, se le sfere non esistevano affatto, com'era possibile che quegli astri, quei pianeti erranti, non cadessero giù schiantandosi sulla Terra? Cosa permetteva a quel roteare di corpi celesti di galleggiare tra le ariosità cosmiche?

Per la mentalità dell'epoca era impossibile che una *forza* potesse agire su un corpo senza entrarvi a contatto. Chiunque sapeva che la corda tesa dell'arco spinge la freccia, che un calcio dato a una palla la fa balzare in avanti, che un sacco tenuto in spalla può essere trasportato sopra una torre. Tutte queste azioni richiedevano un contatto diretto. L'unico caso in cui qualcosa poteva avvenire senza continuità tra i corpi, era il precipitare verso il basso. Il sacco trasportato sulla torre andava giù da solo se lasciato cadere. L'idea che una forza potesse tenere sospesi in alto i corpi senza toccarli si presentava palesemente in contrasto con le esperienze empiriche di tutti i giorni.

Una risposta venne da Keplero. Per spiegare ai suoi contemporanei come un corpo possa esercitare un effetto su un altro anche quando non vi è un contatto diretto, Keplero inventò un'analogia. Prese come esempio il Sole. I suoi raggi – spiegava – sono in grado di scaldare chi sta sulla Terra e ciò avviene senza che vi sia contatto diretto. Allo stesso modo, la forza che attrae i pianeti può agire senza che i corpi celesti debbano toccarsi. In effetti, l'immagine aveva una sua efficacia.

Il secondo aspetto che gli scienziati intenti a ripensare il cosmo concessero ad Aristotele fu l'imperturbabilità del Tempo. Il problema, in questo caso, riguardava le osservazioni fatte da Galileo. Il suo cannocchiale aveva rivelato che il cosmo non era per niente quel luogo pacifico che aveva immaginato Aristotele: la Luna mostrava sulla sua superficie crateri che ricordavano la tumultuosità geologica presente sulla Terra; il Sole, da parte sua, presentava fenomeni simili a esplosioni vulcaniche.

Se questi corpi celesti erano nati «per definire i numeri del Tempo e assicurarne la conservazione» (come voleva Platone), se il cielo era «misura di tutti i movimenti perché esso soltanto è continuo, uniforme ed eterno» (come sosteneva Aristotele), cosa restava di questa uniformità temporale una volta che cieli, astri e comete rivelavano all'occhio del telescopio un cosmo molto più inquieto di quanto non si fosse pensato per secoli?

Il problema appassionò Newton. Nei suoi *Principia* del 1687 scriveva: «Fin qui è stato indicato in quale senso siano da intendere certi termini. Non definisco, invece, tempo, spazio, luogo e moto, in quanto notissimi a tutti. Va notato tuttavia, come normalmente non si concepiscano queste quantità se non in relazione a cose comuni. Da qui nascono i vari pregiudizi, per eliminare i quali conviene distinguere le medesime quantità in assolute e relative, vere e apparenti, matematiche e volgari. Il *tempo assoluto*, vero, matematico, in sé e per sua natura senza relazione ad alcunché di esterno, scorre uniformemente; *quello relativo*, apparente e volgare, è una misura della durata per mezzo del moto: può essere esatta o inesatta, e comunemente viene impiegata al posto del vero tempo: tali sono l'ora, il giorno, il mese, l'anno».

Newton sancisce così una distinzione che – nel campo delle percezioni e dei fenomeni naturali – era stata già chiarita da Galileo quando aveva parlato di conoscenze soggettive e conoscenze oggettive. Le prime riguardavano le impressioni di cui non possiamo essere certi, così labili che forse esistono solo nella mente di chi le immagina. Tali erano il colore, il sapore, l'odore. Le seconde – quelle oggettive – riguardavano invece le proprietà di cui possiamo essere sicuri: la forma, il moto, la massa.

«Perché di queste qualità possiamo essere certi?», si chiedevano gli scettici che sapevano quanto i sensi possano ingannare. «Perché possiamo darne una rappresentazione matematica», era la risposta di Galileo.

Newton riprende questa distinzione e la applica al tempo: quello assoluto è uniforme e imperturbabile perché coincide con il tempo dei calcoli matematici; quello pratico, usato comunemente, è invece passibile di errore perché dipende da come la sua misura è stata eseguita, se essa è stata fatta correttamente o meno.

Sotto questa prospettiva, aveva in qualche misura ragione Aristotele nel respingere qualsiasi tesi platonica sulla coincidenza tra tempo e movimento. Newton sembra confermarlo: «Tutti i movimenti possono essere accelerati e ritardati, ma il flusso del tempo assoluto non può essere mutato». Dunque, il tempo non coincide con il movimento.

Il fervore scientifico di Newton lo spinge persino oltre: il tempo non appartiene, neanche a Dio, il quale «non è l'eternità o l'infinità, ma è eterno e infinito; non è la durata e lo spazio, ma dura ed è presente ovunque, ed esistendo sempre e ovunque, fonda la durata e lo spazio».

Il tempo assoluto, vero, matematico è quindi senza relazione con alcunché di esterno. Scorre imperturbabile, mentre gli uomini e le donne – potremmo aggiungere noi – qui sulla Terra, si affannano a cacciar via dolori, a conservare quel po' di gioia che sfugge alla sua noncuranza.

4.

Il tempo di Newton fu consono alla filosofia di Kant, il quale ripose nell'oggettività temporale una delle garanzie della conoscenza umana: il Tempo, inteso in chiave trascendentale – così vi si riferiva Kant – non era da ritenersi frutto dell'esperienza ma, al contrario, era il presupposto innato che garantiva l'esperienza stessa. Le conoscenze empiriche ne guadagnavano in solidità: potevano essere ritenute affidabili proprio poiché acquisite grazie alla mediazione di due *forme pure* – il Tempo e lo Spazio – che non variano da soggetto a soggetto, ma andavano considerate fisse e immutabili, comuni a tutti gli esseri umani.

All'inizio del Novecento, tuttavia, Albert Einstein – che all'epoca aveva solo venticinque anni – scoprì che il tempo non era così immutabile come per secoli lo si era pensato. Si rese conto che non esiste un solo tempo assoluto e matematico: ne esistono infiniti, che mutano in relazione alle condizioni circostanti.

Einstein contraddiceva dunque il grande Newton. E ne soffrì. Tanto gli sembrò oltraggiosa la sua scoperta nei confronti di quella mente magnifica, da rivolgergli una dedica accorata nella propria biografia: «Newton, perdonami; tu hai trovato la sola via che ai tuoi tempi fosse percorribile per un uomo di altissimo intelletto e potere creativo».

La teoria della relatività annunciata da Einstein rimane per molti un mistero. Ma la sua essenza è invece piuttosto facile da cogliere, con qualche approssimazione. Il tutto ha un inizio precedente ad Einstein e che può farsi risalire a una fondamentale scoperta di Galileo.

Nel Seicento, una delle obiezioni che venivano poste al sistema copernicano riguardava il movimento. Si diceva: «Se il nostro pianeta stesse compiendo realmente un movimento attorno al Sole, noi ce ne renderemmo conto».

Galileo, nel suo *Dialogo sopra i due massimi sistemi del mondo*, dimostrò che ciò non è affatto vero. Noi capiamo se siamo in movimento *solo* se il movimento ha delle perturbazioni. Per esempio, se prendiamo delle buche in macchina, avvertiamo il traballio; se acceleriamo o deceleriamo, ci sentiamo tirati indietro o in avanti; se curviamo all'improvviso, avvertiamo la forza centrifuga spingerci lateralmente. Se invece ci muoviamo con un movimento costante lungo un percorso rettilineo, oppure lungo un percorso che ha una curvatura talmente blanda rispetto alla velocità a cui stiamo viaggiando da poterla considerare quasi rettilinea, noi non capiremo di essere in movimento.

Per spiegare il fenomeno ai suoi contemporanei, Galileo propose un ragionamento immaginando una persona che si trovi nella pancia di una nave e non abbia modo di guardare fuori. L'esempio, a dire il vero, è un po' maldestro: le imbarcazioni sono tra i luoghi più perturbati dove si possa passare il tempo. Il rollio della barca, il movimento delle onde, l'effetto del vento sono tra gli aspetti per i quali tendiamo a pensare le barche come mezzi di trasporto che quando ci stai sopra te ne rendi perfettamente conto (e spesso reagisci vomitando!). Insomma, nessuno di noi nel proprio immaginario concepisce un'imbarcazione come un mezzo dal quale non capisci se sei fermo o in movimento. C'è da dire però che Galileo non aveva molto altro per scegliere il suo esempio: treni con vagoni in classe comfort non ne esistevano, sonde in gravitazione nello spazio men che mai, e tirare in ballo una carrozza che corre nelle strade campagnole della Toscana rinascimentale non sarebbe stata una scelta migliore.

Per noi oggi la situazione è più semplice e possiamo dare ragione a Galileo grazie ad alcuni dettagli che abbiamo scoperto. Per esempio, sappiamo ormai che il nostro pianeta si muove attorno al Sole alla velocità di 107.000 km orari, circa 30 km al secondo, eppure nessuno di noi vede svolazzare oggetti per la casa né viene teletrasportato a lavoro se resta seduto sul divano.

Dato che ormai siamo certi che la Terra si muove attorno al Sole, possiamo usare proprio questo sistema come riferimento. Immaginiamo per esempio di andare in macchina alla velocità di 40 km orari. Gli autovelox ci guardano sorridenti: velocità nei limiti consentiti. Se ora un astronauta, posto nello spazio, osservasse da lontano la nostra macchina che si muove, percepirebbe una velocità del tutto diversa. Nel caso in cui la macchina stia andando nello stesso verso dello spostamento della Terra, l'astronauta percepirebbe la nostra vettura correre alla velocità della macchina più quella della Terra. Posto fuori dal sistema, l'astronauta si rende conto che noi siamo qualcosa che si sta muovendo sopra qualcosa che si sta muovendo a sua volta. Vedrebbe il nostro spostamento come la somma dei due spostamenti che osserva contemporaneamente.

Prendiamo un caso simile: se una macchina sfreccia accanto a me a 100 km orari e dentro la macchina c'è una ragazza che sta muovendo la mano per portarla verso il cruscotto per accendere la radio (diciamo che muove la mano alla velocità di 5 km l'ora), la ragazza vede la sua mano muoversi a 5 km orari, ma io – guardando la scena fuori dall'auto – percepisco la sua mano muoversi a 105 km orari: i 100 della macchina e i 5 della sua mano.

Questo tipo di effetti erano chiari nella mente di Galileo. Il caso della mano nella macchina dimostra che non si sbagliava. Se un sistema viaggia a 100 km orari e dentro esso c'è qualcosa che si muove a 5 km l'ora, uno spettatore esterno vede la somma dei due effetti, mentre chi è dentro vede solo l'effetto interno.

Tutto questo significa semplicemente che ogni sistema ha le proprie variabili – velocità, spazio, distanze – e che queste possono essere *tradotte* da un sistema all'altro seguendo le leggi della fisica classica.

Una di queste leggi la sperimentiamo tutti i giorni

nella nostra vita: afferma che *la velocità è uguale alla distanza divisa il tempo*. Non importa se giriamo in astronave, in auto o in bicicletta, la nostra velocità sarà sempre stabilita da questo principio. Corrisponderà immancabilmente alla distanza percorsa, divisa per il tempo impiegato per percorrerla. Non a caso, comunemente usiamo dire che stiamo andando a 10, a 20 o a 100 km (la distanza) orari (il tempo). In modo sintetico, questa legge viene scritta così:

$$v \text{ (velocità)} = s \text{ (spazio)} / t \text{ (tempo)}$$

Torna tutto? Bene, abbiamo già capito metà della teoria della relatività.

Riveniamo a Newton e Galileo. Si è visto che secondo i princìpi della fisica classica, la velocità di un oggetto dipende dal sistema in cui si trova. La ragazza in macchina dell'esempio precedente vede la sua mano spostarsi a una velocità di 5 km orari, una persona per strada la vede muoversi a 105 km orari poiché la macchina su cui viaggia la ragazza si muove alla velocità di 100 km orari. Secondo la fisica classica questo è vero in ogni sistema e per ogni oggetto in movimento. Vale per la ragazza, per i suoi capelli, per il gatto che potrebbe avere sulle gambe, per il sorriso di chi le sta accanto mentre guida allegro verso una spiaggia dove prenderanno il Sole.

Alla fine dell'Ottocento, tuttavia, gli scienziati americani Michelson e Morley eseguirono un ingegnoso esperimento sui modi con cui si propaga la luce. I loro risultati erano compatibili con l'ipotesi che la velocità fosse costante, indipendente dal moto della sorgente luminosa e dell'osservatore che guarda.

Oggi sappiamo che in effetti la luce mantiene sempre la stessa velocità, indipendentemente dal sistema da cui la si osserva. La sua velocità non muta ed è sempre pari a 300.000 chilometri al secondo.

Facciamo un esempio. Ammettiamo che v sia la velocità della luce emessa da una lampada che sta ferma. La velocità della luce è in questo caso pari a 300.000 km/s.

Se metto la lampada su un treno immaginario che viaggia anch'esso a 300.000 km/s, mi aspetto che la luce si sposti con una velocità doppia, pari a 600.000 km/s. Mi aspetto, ovvero, che in un secondo compia 600.000 km. Ma, invece non è così: *anche se* la luce sta ipoteticamente viaggiando a 600.000 km al secondo, la sua velocità rimane 300.000.

Questo ha dell'incredibile e tuttavia è una verità assodata, confermata da migliaia di calcoli e da prove sperimentali eseguite con apparecchi di altissima precisione.

Come può accadere che nell'equazione *velocità uguale spazio diviso tempo*, là dove mi aspetterei di avere una velocità di 600.000 km trovo invece una velocità di 300.000 , pari cioè alla metà del valore che mi aspettavo?

È possibile far tornare i conti? Cosa andrebbe cambiato nell'equazione *velocità uguale spazio diviso tempo*, affinché 600 sia uguale a 300?

Be', ci sono due modi. Il primo è quello che abbiamo

sempre pensato. Ovvero dire che la velocità della luce in questo caso non è 300 ma è 600. Ciò però non è possibile, perché gli esperimenti oggi ci dicono il contrario. La velocità rimane 300. Per fare tornare l'equazione dobbiamo allora alterare le altri due variabili, quelle comprese nella parte di equazione che dice *spazio diviso tempo*.

Se ipotizziamo che il tempo si dilati i conti possono tornare. Se ammettiamo, per esempio, che un secondo non vale un secondo, ma vale due secondi, allora tutto va bene. La luce sta viaggiando a 600.000 km al secondo, ma un secondo adesso vale due secondi poiché il tempo è dilatato; quindi, è come dire che sta percorrendo 600.000 km ogni 2 secondi. Ovvero a 300.000 km al secondo.

Ecco cosa scoprì Einstein: *quando ci si avvicina alla velocità della luce, il tempo si dilata, diventa più lento (e lo spazio diventa più breve)* e questo fa sì che non si riesca mai a raggiungere la velocità della luce perché più ci si avvicina a quella velocità più il tempo tende a diventare infinito.

Noi ovviamente viviamo in un mondo in cui gli oggetti sono decisamente più lenti. Basti pensare che un aereo supersonico, il mezzo più veloce che esista sulla Terra, viaggia a 7.200 km orari, ovvero circa 2 km al secondo: una velocità centocinquantamila volte più lenta di quella della luce.

In simili condizioni, la fisica di Galileo e di Newton è sempre valida. Ma se ci muoviamo nel campo delle onde elettromagnetiche, della luce e di molti dei fenomeni che riguardano il cosmo, ecco che le velocità si avvicinano a quelle della luce. Allora lo spazio si accorcia e il tempo si dilata, diventa più lungo.

Il famoso paradosso dei due gemelli rende più sorprendenti le conseguenze e vale la pena di essere menzionato. Se due sorelle di quarant'anni si trovassero a dividere temporaneamente i propri destini per cui una rimane sulla Terra e l'altra parte per una missione spaziale che la fa viaggiare per trent'anni a 2/3 della velocità della luce, il giorno che la sorella astronauta rientrasse sul pianeta terrestre sarebbe più giovane di otto anni. Lei avrebbe 62 anni, la sorella rimasta sulla Terra ne avrebbe 70. Il tempo in cui hanno vissuto era differente. Quello in cui ha viaggiato la sorella astronauta era più lento.

5.

La teoria della relatività ci ha liberato dal Tempo? Parrebbe di no. È vero che essa sostiene la tesi di fondo di questo libro, ovvero che anche nel campo della fisica esistono assunti (come quello del tempo universale e immutabile) che cedono il passo alla molteplicità (esistono più tempi). Ma qui, quasi a latere, ci ritroviamo impigliati in un interrogativo che richiama anch'esso il nostro bisogno di libertà: possiamo disfarci del tempo? possiamo confutare la sua esistenza?

La sfida può avere toni tragici quanto allegri. Può prendere una via seria o una via più scanzonata. Ogni battaglia per una vita più libera può assumere il suono di condanna, oppure l'allegria di uno squillar di trombe. Il gioco è tentare la scaltrezza di una mossa, un trucco con cui beffarci della scacchiera dell'esistenza su cui ci troviamo.

Prendiamo per un'istante la via seria. Quando Zarathustra, o Nietzsche al posto suo, cerca parole contro la sofferenza umana, pensa al tempo. Dice: «Che l'uomo sia redento dalla *vendetta* – questo è per me il ponte verso la speranza suprema e un arcobaleno dopo lunghe tempeste».

Vendetta? Heidegger sostiene che «Nietzsche vede la natura e il significato della vendetta metafisicamente». Sotto questa lente, le parole di Zarathustra si fanno limpide: «La volontà non riesce a volere *a ritroso*. Non potere infrangere il tempo e la voracità del tempo, questa è per la volontà la sua mestizia più solitaria. Che cosa può inventare il volere medesimo per liberarsi della propria mestizia e prendersi gioco della sua prigione? Ahimè, ogni carcerato va fuor di senno! Che il tempo non possa camminare a ritroso, questo è il suo rovello; "ciò che fu", così si chiama il macigno che la volontà non può smuovere"».

Dunque, la soluzione di Zarathustra al dolore è la vendetta della *volontà* contro il tempo. Zarathustra incalza: «Io vi insegnai: "La volontà è qualcosa che crea". Ogni "così fu" è un frammento, un enigma, una casualità orrida, fin quando la volontà che crea non dica anche: "Ma così volli che fosse!". Finché la volontà che crea non dica anche: "Ma io così voglio! Così vorrò!"».

Ciò che possiamo trarre da queste parole è la consapevolezza che l'individuo si scoraggia, fiaccato dall'idea di un tempo ormai perduto e di un divenire sul quale non si è avuto il controllo, non si è potuta operare una reale scelta.

Contro questo abbattimento che genera sofferenza, la volontà deve farsi creatrice del passato, deve riuscire a trascinarlo nel futuro. Certo, il tempo scorre dalla parte degli impedimenti e tende a fiaccarci con la sua menzogna preferita: «Non c'è più modo adesso». Ma contro questo tempo tiranno e ingannatore, la volontà deve opporre al «così fu» della rassegnazione il «così vorrò» della *vendetta*: la vendetta contro le mestizie che ci sono toccate.

Il tempo è così dunque sconfitto?

No. Il ponte che permette di rompere l'eterno ritorno non è stato ancora attraversato. È un ponte che Nietzsche vede, ma non ha ancora valicato. E neanche Zarathustra, poiché – come scrive Heidegger – «Zarathustra è solo il maestro, non è ancora egli stesso il superuomo».

Nietzsche si lancia dunque nell'impresa di una sconfitta del tempo di cui ha il progetto ma non l'epilogo.

Sant'Agostino, millecinquecento anni prima, ebbe anch'egli a rimediare un antidoto contro il tempo. Il suo non era una vendetta. Potremmo definirlo un'involontaria confutazione. In effetti, la vera questione che stava a cuore a sant'Agostino era di altra natura: riguardava i meriti del Creatore. Scriveva: «Non sono forse pieni della loro vecchiezza quanti ci dicono: "Cosa faceva Dio prima di fare il cielo e la terra? Se infatti, continuano, stava ozioso senza operare, perché anche dopo non rimase sempre nello stato primitivo, sempre astenendosi dall'agire? Se si sviluppò davvero in Dio un impulso e una volontà nuova di stabilire una creazione che prima non aveva mai stabilito, sarebbe ancora un'eternità vera quella in cui nasce una volontà prima inesistente?"».

Tutte queste domande, secondo sant'Agostino, sono mal poste, perché la loro formulazione presuppone l'esistenza di un tempo *prima* della creazione del mondo. L'argomento è discusso dal filosofo polacco Krzysztof Pomian nel suo *L'ordine del tempo*, saggio corposo e ben documentato uscito in Francia una quarantina di anni fa. Mio padre me ne regalò una copia quando avevo poco più che vent'anni, facendomi scoprire un titolo che già allora mi parve indovinatissimo, uno di quei titoli destinati a ripetersi.

Dunque, le domande sono poste male perché mal posta è la concezione del tempo che hanno questi petulanti canzonatori della creazione divina. Così conclude Agostino: «Se prima del cielo e della terra non esisteva il tempo, perché chiedere cosa facevi *allora*? Non esisteva un *allora* dove non esisteva un tempo». Ed è qui, nella sua difesa della creazione divina contro le accuse logiche degli scettici, che Agostino formula la sua involontaria confutazione: «Questo posso dire con fiducia di sapere: senza nulla che passi, non esisterebbe un tempo passato; senza nulla che venga, non esisterebbe un tempo futuro; senza nulla che esista, non esisterebbe un tempo presente. Due di questi tempi, il passato e il futuro, sembrano non esistere, dal momento che il primo non è più, il secondo non è ancora. E quanto al presente, se fosse sempre presente, senza tradursi in passato, non sarebbe più tempo, ma eternità.

Se dunque il presente, per essere tempo, deve tradursi in passato, come possiamo dire anche di lui che esiste, se la ragione per cui esiste è che non esisterà? Quindi non possiamo parlare con verità di esistenza del tempo se non in quanto tende a non esistere».

La confutazione di sant'Agostino riecheggia in quella del filosofo Berkeley e questa ritorna nelle parole dello scrittore Jorge Luis Borges. Il tutto ci conduce alla seconda via che avevo annunciato tra i tentativi di confutare il tempo: quella per così dire meno seria.

Borges scrisse due testi che riunì sotto un comune e divertito titolo: *La nuova confutazione del tempo*. In quei suoi ragionamenti si richiamava al filosofo Berkeley il quale sostenne che la realtà non esiste se non come idee che vivono nella nostra mente. In tal senso, il mondo esiste solo come rappresentazione mentale.

Ma se il mondo è fatto solo di idee, se esso non ha concretezza, evidentemente neanche un *tempo oggettivo e reale* può esistere. Berkeley afferma che, separato dalle idee che si succedono nello spirito, il tempo è totalmente incomprensibile: non è niente, non esiste. Qualche pagina dopo, Berkeley segnala però che il tempo a cui fa riferimento è quello dei *Principia* di Newton, il tempo assoluto. Ciò che invece va ammesso, ciò che continua a esistere, è il tempo psicologico, il tempo dentro al quale noi costruiamo le idee nella nostra mente.

Le soluzioni di Borges e Berkeley sono eleganti, poetiche, ma ci lasciano ancora invischiati con le fatiche della quotidianità e le angherie delle agende. Non solo perché il tempo psicologico è anch'esso carico di risvolti indesiderati, ma soprattutto perché le loro confutazioni presuppongono che si sia disposti a credere alla *non esistenza* degli oggetti reali, convinzione che nessuno di noi riesce facilmente a seguire fino in fondo.

Per fortuna, a ben guardare, mi pare che ci sia un altro mondo – impalpabile e meraviglioso – dove il tempo non ha governo. Non è il luogo di una mente che ricalca in forma di idee le storture e le condanne cronologiche di una realtà che forse non esiste ma che nella nostra percezione sembra avere tutti i difetti del mondo concreto. È invece il luogo dove vigono le invenzioni. Un processo, quello dell'inventare, che noi umani abbiamo scoperto da milioni di anni e che è possibile proprio poiché esiste un mondo reale: l'invenzione è un'antitesi alla realtà.

In quella vasta biblioteca d'invenzioni che è la nostra fantasia, siamo immuni al tempo. È lì che possiamo ascoltare Borges, Berkeley, le persone che abbiamo amato, e quelle che ameremo. È in quella goccia di mistero che le nostre emozioni diventano tanto sottili e impalpabili da sfuggire a ogni sventura cronologica. È un mondo prezioso dove la nostra vita si mescola a quella degli altri: ogni pensiero, ogni persona rivive in noi, nei nostri interessi, nei nostri sogni, nelle nostre letture. È un mondo poetico dove il tempo è finalmente confutato perché non c'è inciampo del destino o impedimento della materia che la fantasia non possa trasformare in un riflesso di splendore.

Prendendomi poco sul serio come fa Borges, anch'io ho voluto usare per il titolo di questo capitolo un aggettivo che ironicamente ne invalidasse gli intenti. Borges aveva scelto di definire la sua confutazione *nuova*, ponendola così dentro una serie cronologica che la rendeva vana per definizione: se la sua confutazione era *nuova*, doveva esisterne una precedente, una vecchia, e dunque un tempo che implicasse la successione tra le due versioni. Io ho scelto di definire la mia confutazione *penultima*, ricalcando gli intenti di Borges. Ma la mia scelta non è solo un omaggio al grande scrittore. È anche e soprattutto un auspicio: che un giorno qualcuno trovi una confutazione migliore della mia, un argomento in grado di sciogliere definitivamente il morso del tempo, restituendoci alla compagnia dei nostri cari, alle meraviglie che sono state, e alla gioia di vivere tutto ciò. Per sempre.

L'eleganza della condizione ibrida

Tra i tanti elogi che la storia della letteratura e del pensiero filosofico ci hanno consegnato, quello della follia scritto da Erasmo è tra i più noti. Nel testo è lei stessa – la follia – a raccontarsi: «Perché io sia venuta qui oggi, e vestita in modo così strano, lo saprete fra poco, purché non vi annoi porgere orecchio alle mie parole: non quell'orecchio, certo, che riservate agli oratori sacri, ma quello che porgete ai ciarlatani in piazza, ai buffoni, ai pazzerelli».

Erano gli esodi del 1500. Erasmo viveva a Londra, ospite di Thomas More. La follia, in quelle prime battute del suo scritto, si burlava di sé e del genere umano: nessuno fino a quel momento – per ingratitudine o indifferenza – le aveva mai dedicato un elogio. Eppure, nel corso dei secoli, non erano mancate profuse celebrazioni scritte da chi, con grande spreco di sonno e olio di lampada, aveva cantato lodi di Busiride, figlio di Poseidone, di Falaride, tiranno di Agrigento, o anche della febbre quartana, delle mosche e di altri ben meno dilettevoli accidenti del genere umano.

La follia aveva dunque le sue giuste ragioni per canzonarci. Se davvero si è trovato il tempo per scrivere di queste figure che poco si sono spese per il nostro benessere, perché non si è mai pensato di elogiare chi – come lei – ci ha procurato più di un favore?

I suoi meriti, in effetti, si moltiplicano nei luoghi e nelle epoche. Nell'elencarli, la follia stessa rammenta i propri natali: «Mio padre fu Pluto – dio della ricchezza – genitore degli uomini e degli Dèi, con buona pace di quanto sostengono Esiodo e Omero. Un suo cenno, ora come sempre, mette sottosopra cielo e terra. Il suo arbitrio decide della guerra e della pace, degli imperi, dei consigli, dei giudizi, dei comizi, dei matrimoni, dei trattati, delle alleanze, delle leggi, delle arti, delle cose scherzose e di quelle serie; da lui dipendono tutti gli affari pubblici e privati degli uomini». Come a dire che il denaro, al di là di tanti proclami, governa sovente il mondo.

Dato che di elogi non ve n'erano, la follia decideva dunque di elogiarsi da sé. E continuava con queste parole: «Di tale padre io mi glorio. E aggiungo che egli non mi generò dal suo cervello, come fece Giove per generare la dea della sapienza Pallade, ma unendosi alla ninfa Neotete, di tutte la più graziosa e lieta.

«E perché, dal momento che sto chiacchierando con voi, non essere più esplicita, secondo il mio costume? È forse con la testa, col volto, col cuore, con la mano, con l'orecchio (parti considerate tutte oneste) che si generano gli Dèi e gli uomini?

«No davvero! Propagatrice del genere umano è quella parte così assurda e ridicola che non si può neppure nominare senza ridere. Quello è il sacro fonte a cui tutto attinge la vita, quello e non la tetrade pitagorica.»

Così recita l'elogio. Così canzona i discorsi seri che inerpicandosi sulle scale contorte della eloquenza tentano d'imbellettare propositi e azioni con argomenti apparentemente logici. Sono le materie prime della retorica, quelle che dividono il mondo e deformano la realtà.

Ma se ho citato Erasmo e il suo Elogio della follia in queste pagine conclusive è per via della mia scelta di campo. In apertura di libro, richiamandomi ai buoni auspici della dea Nut – cielo degli egiziani e costellazione portafortuna di questo breve saggio sulla molteplicità –, ho optato per una scelta di merito: non quella del lamento, ma quella del buonumore. Dietro i tradimenti ai danni della molteplicità, dietro la guerra contro le ibridazioni filosofiche e la mescolanza di saperi, si celano rischi e disastri: razzismi, intolleranze, esclusioni e altro ancora. Ma lo spirito di queste pagine è stato votato non alla denuncia e alla preoccupazione, bensì alla curiosità e alla scoperta. In qualche modo, si è scelto di parlare di argomenti dai risvolti seri guardandoli dalla prospettiva opposta, seguendo ovvero la traccia del divertimento che le narrazioni di una realtà molteplice accende con le sue scoperte inattese e le sue rivelazioni insospettate.

Scegliendo questa via della leggerezza, abbiamo sentito delle curiosità teoriche attorno al sesso, ripercorrendo il rebus della sua misteriosa esistenza: la riproduzione sessuale non solo è una novità nella storia evoluzionistica del mondo, dato che per milioni di anni gli organismi ne hanno fatto a meno, ma è anche un sistema che – per via della sua scarsa resa – doveva estinguersi un attimo dopo la sua comparsa. Perché, allora, si è mantenuto nel tempo? Abbiamo scoperto che la ragione risiede con ogni probabilità nelle sue relazioni proprio con la molteplicità. Il meccanismo che presiede alla rigenerazione della vita non è altro che un proclama alla continua ibridazione.

Seguendo lo stesso filo, abbiamo incontrato altre pagine del pensiero filosofico e scientifico. Abbiamo scoperto quanto sia difficile individuare una definizione unica e netta che delimiti ciò che andrebbe reputato naturale e ciò che non dovrebbe esserlo. Abbiamo scoperto che l'essere naturale coincide anche in questo con una certa dose di molteplicità. Fenomeni e dinamiche biologiche diverse si trovano a coesistere e avere funzioni analoghe e altrettanto efficaci, possibili, e a volte persino necessarie.

Il nostro incedere ci ha permesso anche di rivedere il modo di pensare la genetica, noi stessi, la psiche umana, i nostri destini. Abbiamo abbattuto l'idea di uno spazio e di un tempo costituenti un duo unico, immutabile, universale e privo di relazioni con il soggetto e il sistema. Abbiamo in questa occasione ritrovato le concezioni del tempo professate da Aristotele, Platone, sant'Agostino, Berkeley riuscendo – credo – a comprendere – almeno in parte – i rudimenti della teoria della relatività di Einstein.

Allo stesso tempo, vi sono contesti in cui la molteplicità si trova a rischio e che qui mi sembra importante rammentare.

È questo per esempio il caso delle coltivazioni agricole soppiantate dalle monoculture di organismi geneticamente modificati. Nel mondo, sono quattro le varietà più diffuse. Si tratta della soia, del mais, della colza e del cotone. Le tecniche di modificazione genetica non sono un male di per sé e permettono avanzamenti che – se gestiti in modo appropriato – possono essere di grande aiuto per il genere umano. Un esempio è offerto dai batteri modificati che permettono la produzione di insulina poi usata a fini medici. Altri casi riguardano le nuove tecnologie volte alla preparazione di vaccini, e tecniche ulteriori in corso di sperimentazione a fini curativi.

Un cattivo uso delle biotecnologie può tuttavia portare, in certi casi, a una perdita di diversità. Per esempio, si sostiene spesso che le piante geneticamente modificate siano utili a contrastare la fame nel mondo poiché consentono coltivazioni meno costose, più produttive e praticabili anche in aree geografiche con climi ostili.

Dietro questa discutibile narrazione dei fatti, si celano tuttavia dati che muovono in direzione opposta. Le principali modifiche genetiche di prodotti vegetali destinati all'alimentazione riguardano infatti due proprietà: la resistenza ai veleni e la resistenza alle muffe. Queste varietà così modificate possono ovvero essere coltivate usando massicce quantità di insetticidi o diserbanti chimici che contrastano parassiti ed erbe infestanti. Allo stesso modo, le stesse possono essere poi trasportate senza il rischio che marciscano o si deteriorino.

Lungi dal risolvere realmente il problema della fame mondiale, le pratiche agricole basate su piante modificate hanno alterato il modello economico generando massicci benefici per le poche grandi aziende che detengono i brevetti.

In effetti, fino agli anni Novanta del Novecento, esisteva fondamentalmente un sistema per brevettare una nuova varietà vegetale: l'International Union for the Protection of new Varieties of Plants permetteva all'ideatore di una nuova varietà di essere pagato per la sua scoperta. Le regole prevedevano che il pagamento fosse effettuato dai coltivatori una volta sola, all'acquisto dei semi, e lasciava agli stessi il diritto d'incrociare a loro volta le piante – di ibridarle – per ottenere nuove varietà libere da vincoli di proprietà. Con l'introduzione dei prodotti OGM, le case detentrici dei brevetti sono riuscite a fare modificare le normative: adesso un contadino deve pagare ogni anno dei diritti, anche nel caso in cui produca da sé i semi a partire dalle piante geneticamente modificate che ha nei propri terreni. Inoltre, è cambiato il sistema stesso di produzione. Si coltiva usando massicce quantità di diserbanti e veleni che sono commercializzati dalle stesse società che hanno costruito in laboratorio le varietà vegetali resistenti a tali prodotti chimici. Le conseguenze incidono in modo pesante sulla diversità. Vengono inquinati gli ambienti e vengono introdotte nei cibi molecole chimiche potenzialmente pericolose provenienti dai veleni. Intere aree una volta destinate alla coltivazione di centinaia di varietà biologiche sono state soppiantate da monoculture caratterizzate da un numero limitatissimo di varietà vegetali – come il mais e la soia, appunto – generando sconfinati tappeti, interi tratti della superficie del globo, coperti con tre o quattro tipi genetici.

I contadini smettono così di coltivare le piante che per generazioni si erano tramandati e accettano di usare i semi di proprietà delle grandi aziende, spinti dall'illusione che avranno campi più produttivi. Alla fine, perdono il controllo sui propri stessi sistemi agricoli e si consegnano nelle mani delle grandi aziende. In molti casi non riescono neanche a stare al passo di simili mastodontici gruppi industriali e finiscono dunque col cedere loro i propri terreni in cambio della possibilità di lavorare come operai.

Tutto ciò provoca la perdita non solo delle varietà vegetali che coltivavano i contadini ma anche delle lingue che praticavano, assorbite nell'omogenizzazione tipica di tutti i grandi processi di industrializzazione delle aree rurali. Ciò sta avvenendo in aree geografiche come il Brasile o l'Argentina.

Queste pagine rischiano di diventare tetre. Torniamo ai nostri propositi di leggerezza, consapevoli tuttavia che gli argomenti dei capitoli precedenti non sono solo ariose scoperte interessanti sotto il profilo teoretico: esse rappresentano anche il contraltare di scelte politiche e sociali che possono avere conseguenze immediate e incisive sulle nostre vite.

Contro i mali causati da queste azioni opposte alla diversità, noi abbiamo scelto la gioia della scoperta, della cultura, della curiosità. Rapiti dalla tridimensionalità del reale, abbiamo difeso l'ibridazione delle idee e di un mondo molteplice.

Tornano alla mente le già citate parole di Giordano Bruno: «Stimavo cosa indegna della divina bontà e potenza che, potendo produrre infinite cose, producesse un mondo solo».

Come a dire, stimavo non degno della potenza divina che potendo creare un universo molteplice ne creasse invece uno grigio e omogeneo.

Contro la monotonia ideologica di un mondo pensato come omogeneo, uniforme e puro, la condizione ibrida mostra tutta la sua eleganza e si moltiplica in una miriade di stelle dai colori diversi.

Di questa eleganza noi stessi facciamo parte. Anche le nostre vite sono cariche di molteplicità. Siamo anche noi sempre colti costantemente dalla nostra condizione ibrida: tesi tra i doveri e i desideri, tra le ambizioni e le difficoltà, tra gli ideali e le disfatte che ogni giorno si oppongono viscosamente a questa nostra allegria molteplice a cui non abbiamo ancora rinunciato.

Il rischio della disfatta incombe alla porta. Il pessimismo che impone di uniformarsi a un destino apparentemente immutabile tende a sfiancarci.

Ma la molteplicità ci mostra una via di uscita, si presenta come una filosofia preziosa, foriera di verità tanto valide nel mondo esterno quanto vere nel nostro mondo interiore. Bruno ebbe a sostenere anche questo: per scoprire la propria interiorità bisogna accedere a una profonda e rivelatrice conoscenza del mondo reale. All'epoca il pregiudizio da sfatare era la concezione dell'universo con la Terra al centro. Scoprire, capire, ammettere che l'universo potesse avere una struttura del tutto diversa equivaleva a comprendere che anche il mondo interiore, la nostra dimensione spirituale, può avere destini diversi da quelli che temiamo, da quelli a cui sovente ci siamo rassegnati. La distruzione dei pregiudizi riguardo al mondo esterno era per Bruno la via per dissolvere e confutare, non meno, i pregiudizi riguardo noi stessi.

Oggi la molteplicità pone una sfida analoga. Si potrebbe meglio dire, un'occasione.

Non c'è discontinuità tra l'interno e l'esterno. Ciò che noi pensiamo del mondo si riflette nella concezione che abbiamo di noi stessi, e ciò che pensiamo del nostro mondo interiore ritorna nel nostro modo d'immaginare l'universo e la realtà circostante.

È un esercizio benefico, una via salvifica. Si tratta di ritrovare una visione diversa della vita. Una visione complessa, molteplice. Certo, per abbracciarla, bisogna abbandonare le monolitiche concezioni stantie, i mesti proclami all'univocità, alla purezza della razza, e robe simili. Bisogna imparare a guardare il reale nella sua complessità. E ciò richiede un ripensamento, un ribaltamento di modi e prospettive. In qualche modo richiede forse un briciolo di follia. Una follia che, come caldeggiava Erasmo cinquecento anni fa, potrebbe rivelarsi molto più savia e benefica di quanto non sospettiamo.

Bibliografia

Questo saggio mette in dialogo letture e studi eterogenei. Qui di seguito è riportato l'elenco delle opere espressamente citate nel testo, divise per capitoli e presentate secondo l'ordine della loro prima occorrenza.

L'invenzione del sesso

FERRANTE IMPERATO, *Dell'Historia naturale di Ferrante Imperato napolitano*, Napoli 1599.

CHARLES DARWIN, *Letter to J.D. Hooker*, 1 February 1871, Darwin Correspondence Project, University of Cambridge, consultabile on line.

ID., *Letter to J.D. Hooker*, 11 January 1844, Darwin Correspondence Project, University of Cambridge, consultabile on line.

ID., *Letter to Charles Lyell*, 18 June 1858, Darwin Correspondence Project, University of Cambridge, consultabile on line.

ERNST MAYR, *The Growth of Biological Thought: Diversity Evolution and Inheritance*, The Belknap Press of Harvard University Press Cambridge, London 1982.

AUGUST WEISMANN, *The Significance of Sexual Reproduction in the Theory of Natural Selection* [1886], in *Essays upon Heredity and Kindred Biological Problems*, a cura di E.B. Poulton, S. Schönland e A.E. Shipley, Clarendon Press, Oxford 1889, pp. 251-332.

JOHN MAYNARD SMITH, *What use is sex?*, in "Journal of Theoretical Biology", 30, 1971, pp. 319-35.

ID., *The Evolution of Sex*, Cambridge University Press, Cambridge 1978.

GEORGE C. WILLIAMS, *Sex and Evolution*, Monographs in Population Biology - Princeton University Press, Princeton 1975.

GEORGE C. WILLIAMS, JEFFRY B. MITTON, *Why reproduce sexually?*, in "Journal of Theoretical Biology", 39, 3, 1973, pp. 545-554.

MATT RIDLEY, *The Red Queen. Sex and the Evolution of Human Nature*, Penguin Books, London 1994 [1993].

MICHAEL GHISELIN, *The Economy of Nature and the Evolution of Sex*, University of California Press, Berkeley 1974.

GRAHAM BELL, *The Masterpiece of Nature*, Croom Helm, London 1982.

CHARLES DARWIN, *On the Origin of Species by Means and Natural Selection*, 1st edition, John Murray, London 1859.

WILLIAM DONALD HAMILTON, *Sex versus non-sex versus parasite*, in "Oikos", 35, 2, 1980, pp. 282-290.

WILLIAM DONALD HAMILTON, ROBERT AXELROD e REIKO TANESE, *Sexual reproduction as an adaptation to resist parasites (A Review)*, in "Proceedings of the National Academy of Sciences of the USA", 87, 9, 1990, pp. 3566-3573.

LEIGH VAN VALEN, *A new evolutionary law*, in "Evolutionary Theory", 1, 1973, pp. 1-30.

RICHARD LYNN, *In Italy, north-south differences in IQ predict differences in income, education, infant mortality, stature, and literacy*, in "Intelligence", 38, 1, 2010, pp. 93-100.

Secondo natura

Arthur A. Schopenhauer, *L'arte di trattare le donne*, a cura di F. Volpi, Adelphi, Milano 2000.

Herrada di Landsberg, *Hortus Deliciarum*, a cura di R.B. Green, The Warburg Institute, University of London, E. J. Brill, Leiden 1979.

Lotario di Segni, *Il disprezzo del mondo* [1195], a cura di R. D'Antiga, Luni Editrice, Milano 1994.

Francesco Coniglione, *L'uomo venuto da un altro mondo. Francesco d'Assisi*, Bonanno, Acireale 2022.

Georg Joachim Rheticus, *Ad clarissmum virum D. Ioannem Schonerum, de libris revolutionum eruditissimi viri & Mathematici excellentissimi, reverendi D. Doctoris Nicolai Copernici Torunnaei, Canonici Varmiensis, per quendam iuvenem, mathematicae studiosum, Narratio prima*, Per Franciscum Rhodum, Excusum Gedani, 1540.

John Maynard Smith, *The theory of games and the evolution of animal conflicts*, in "Journal of Theoretical Biology", 47, 1974, pp. 209-221.

José M. Gómez *et al.*, *The evolution of same-sex sexual behaviour in mammals*, in "Nature Communications", 14, 5719, 2023, pp. 1-12.

Ernst Cassirer, *Die Philosophie der Aufklärung*, J.C.B. Mohr, Tubingen 1932; trad. it. *La filosofia dell'Illuminismo,* La Nuova Italia, Firenze 1973.

Giordano Bruno, *De immenso et innumerabilibus*, in *Opera latine conscripta*, a cura di F. Fiorentino, Apud Dom. Morano, Neapoli 1884, vol. 1, II, pp. 1-318.

Frances A. Yates, *Giordano Bruno e la cultura europea del Rinascimento*, Laterza, Bari 1988.

Vincenzo Spampanato, *Vita di Giordano Bruno con documento editi e inediti*, Principato, Messina 1921, vol. 1.

Lucien Auray, *Giordano Bruno à Paris, d'après le témoignage d'un contemporain (1585-1586)*, Paris 1901.

MICHELE CILIBERTO, *Il sapiente furore. Vita di Giordano Bruno*, Adelphi, Milano 2020.

NUCCIO ORDINE, *Introduzione*, in Giordano Bruno, *Opere italiane*, UTET, Torino 2002.

L'immaginario genetico

JOHANN WOLFGANG GOETHE, *Italienische Reise*, 1816-1817; trad. it. *Viaggio in Italia*, OMBand D.E., Milano 1993.

RICHARD GOLDSCHMIDT, *The Material Basis of Evolution*, Yale University Press, New Haven 1940.

CARL LINNEO, *Dessertatio Botanica De Peloria*, Upsaliae 1744.

ID., *Amoenitates academicae*, Cornelium Haak, Lugduni Batauorum 1749.

JOHAN BROWALL, *Lettera a Carl von Linné*, 4 febbraio 1745, consultabile on line presso Alvin, Platform for digital collections and digitized cultural heritage.

H. DE VRIES, *The Mutation Theory: Experiments and Observations on the Origin of Species in the Vegetable Kingdom*, Open Court Publishing, Chicago 1909, vol. 2.

EVELYN FOX KELLER, *The Century of the Gene*, Harvard University Press, Cambridge (MA) 2000.

EVA JABLONKA e MARION LAMB, *Evolution in Four Dimensions*, MIT Press, Cambridge (MA) 2005; trad. it. *L'evoluzione in quattro dimensioni: variazione genetica, epigenetica, comportamentale e simbolica nella storia della vita*, UTET, Torino 2007.

PAULO AMARAL *et al.*, *The status of the human gene catalogue*, in "Nature", 622, 2023, pp. 41-47.

LOUISE TSI CHOW *et al.*, *An amazing sequence arrangement at the 5' ends of adenovirus 2 messenger RNA*, in "Cell", Sep, 12, 1, 1977, pp. 1-8.

EMERSON HIBBARD, *Orientation and directed growth of Mauther's cell axons from duplicated vestibular nerve roots*, in "Experimental Neurology", 13, 1965, pp. 289-301.

Eberhard Fuchs e Gabriele Flügge, *Adult neuroplasticity: more than 40 years of research*, in "Neural Plasticity", May 4, 2014.

Freud, Jung e la molteplicità dell'anima

Friedrich Nietzsche, *Also sprach Zarathustra. Ein Buch für Alle und Keinen*, 1883-1885; trad. it. *Così parlò Zarathustra. Un libro per tutti e per nessuno*, Adelphi, Milano 1968.
Maître de l'Échevinage de Rouen, *Livre d'heures, en latin et en français, à l'usage de Rouen, dit Heures de Chrétienne de France*, 1470-1475.
The Book of the Thousand Nights and One, tradotto dall'arabo da John Payne, Privately Printed, London 1884, vol. 4.
Eratostene, *Epitome dei Catasterismi. Origine delle costellazioni e disposizione delle stelle*, a cura di A. Santoni, ETS, Pisa 2009.
Diodoro Siculo, *Biblioteca storica*, a cura di G. Cordiano, BUR, Milano 2014, libro IV.
Apollodoro, *Biblioteca*, a cura di G. Guidorizzi e James G. Frazer, Adelphi, Milano 1995.
Carl Gustav Jung, *The Spirit in Man, Art, and Literature*, Bollingen series XX – Pantheon Books, New York 1966.
Paolo Carignani, *La "psiche estesa" tra Kant e Freud*, in "Con-Textos Kantianos, International Journal of Philosophy", 13, June, 2021, pp. 66-96.
Georg Friedrich Creuzer, *Symbolik und Mythologie der alten Völker, besonders der Griechen*, bei Heyer und Leske, Leipzig und Darmsadt 1810-1812; trad. it. *Simbolica e mitologia*, nuova ed. rivista a cura di G. Moretti, Editori riuniti, Roma 2004.
Friedrich W. J. Schelling, *Historisch-kritische Einleitung in die Philosophie der Mythologie*, a cura di K. F. A. Schelling, Stuttgart-Augsburg 1856, vol. 11; trad. it. *Filosofia*

della Mitologia. Introduzione storico-critica. Lezioni (1842), a cura di T. Griffero, Guerini, Milano 1998.

Glenn W. Most, *From Logos to Mythos*, in *From Myth to Reason? Studies in the Development of Greek Thought*, a cura di R. Buxton, Oxford University Press, Oxford 1999, pp. 25-47.

Galileo Galilei, *Sidereus Nuncius* [1610], in Id., *Opere*, a cura di F. Brunetti, UTET, Torino, 1964, vol. 1, pp. 263-320.

Pierre Simon Laplace, *Exposition du Système du Monde*, Imprimerie de Crapelet, Paris 1798 [1796].

Immanuel Kant, *Universal Natural History and Theory of the Heavens or Essay on the Constitution and the Mechanical Origin of the Whole Universe according to Newtonian Principles*, Cambridge University Press, Cambridge 2012.

Jean Wahl, *Sur l'interprétation de l'histoire de la métaphysique d'après Heidegger. Les Cours de la Sorbonne*, Centre de Documentation Universitaire, Paris 1951.

Sigmund Freud, *Das Unbehagen in der Kultur*, 1930; trad. it. *Il disagio della civiltà*, a cura di M. Tonin Dogana, Bollati Boringhieri, Torino 2012.

Herbert Marcuse, *Eros and Civilization. A Philosophical Inquiry into Freud*, 1955; trad. it. *Eros e civiltà*, Einaudi, Torino 2001.

La penultima confutazione del tempo

Christine Kossaifi, *Dans l'œil du temps. Entre Cronos et Chronos*, in *Le Temps. Manuel de culture antique à destination des étudiants et des enseignants des Classes Préparatoires*, a cura di C. Laizé-Gratias, Éditions Ellipses, Paris 2017, pp. 207-231.

Marco Tullio Cicerone, *La natura divina*, traduzione a cura di C.M. Calcante, Rizzoli, Milano 1992.

Geoffrey S. Kirk e John E. Raven, *The Presocratic Philosophers*, Cambridge University Press, London 1957.

PLATONE, *Repubblica*, a cura di G. Reale, Bompiani, Milano 2009.

ESIODO, *Teogonia*, in Id., *Opere*, a cura di A. Colonna, UTET, Torino, 1977

ARISTOTELE, *Fisica*, in Id., *Opere filosofiche*, vol. 3, a cura di M. Zanatta e L. Caiani, UTET, Torino 2013.

SANT'AGOSTINO, *Confessioni*, a cura di M. Simonetti, Mondadori – Fondazione Lorenzo Valla, Milano 2001.

ISAAC NEWTON, *The Principia. Mathematical Principles of Natural Philosophy*, a cura di B. Cohen e A. Whitman, University of California Press, Berkeley – Los Angeles – London 1999.

FRIEDRICH NIETZSCHE, *Also sprach Zarathustra. Ein Buch für Alle und Keinen*, 1883-1885; trad. it. *Così parlò Zarathustra. Un libro per tutti e per nessuno*, Adelphi, Milano 1968.

KRZYSZTOF POMIAN, *L'ordre du temps*, Gallimard, Paris 1984.

JORGE LUIS BORGES, *Nuova confutazione del tempo*, in Id., *Tutte le opere*, Mondadori, Milano 1984.

L'eleganza della condizione ibrida

ERASMO DA ROTTERDAM, *Moriae encomium*, 1511; trad. it. *Elogio della follia*, Rusconi, Milano 2018.

Indice

La collana Anders

Paola Rumore, *Le ragioni di Kant*
Sergio Givone, *La ragionevole speranza*
Tommaso Tuppini, *Senza gli altri*
Emanuele Coco, *Elogio della condizione ibrida*

Questo libro è stampato fabbricato da Grafica Veneta S.p.A.
con un processo di stampa e rilegatura certificato 100% carbon neutral
in accordo con PAS 2060 BSI

Finito di stampare nel mese di marzo 2025
per conto di RCS MediaGroup S.p.A.
da Grafica Veneta S.p.A., via Malcanton 2, Trebaseleghe (PD)
Printed in Italy